第十四屆全球華文文學星雲獎
人間禪詩及人間佛教散文
得獎作品集

安靜的力量

蔡馨慧·鄭麗卿等 —— 著

第十四屆全球華文文學星雲獎
人間禪詩及人間佛教散文得獎作品集

目次

人間禪詩

人間佛教散文——096

佳作——呂政達　雪山調

總序

李瑞騰

全球華文文學星雲獎的設立，乃緣於星雲大師對文學的熱愛與期待。他曾表示，在他學佛修行與弘揚佛法的過程中，文學帶給他智慧和力量；他自己也日夜俯首為文，藉文學表達所悟之道。因為他深知文學來自作家的人生體會，存有對於理想社會不盡的探求，也必將影響讀者向上向善，走健康的人生大道。

我幾次聆聽大師談他的閱讀與寫作，感覺到他非常重視反思歷史的小說寫作以及探索現實的報導文學，而這兩種深具傳統的文類，在當代輕薄短小的社會風潮中，已日漸式微，尤其是二者的難度都高，且欠缺發表園地，我們因此建議大師以這兩種文類為主來辦文學獎；而為了擴大參與，乃加上與生活息息相關的人間佛教散文。大師認同我們的想法，這就成了這個文學獎最初的主要內容。此外，大師來臺以後，數十年間廣結文壇人士，始終以誠相待，他喜愛文學，尊敬作家，於是在創作獎之外，我們設了貢獻獎，以表彰在文學領域長期持續耕耘，且具有累積性成就的資深文學工作者。

星雲大師將其一生筆墨所得設立公益信託基金，用在廣義的文教上面。這個文學獎的經費就來自這個基金，筆墨所得用之於筆墨，何其美善的人間因緣，曾深深感動了我。至於以「全球華文文學星雲獎」為名，意在跨越政治與區域的界限，有助推動以華文為媒介的文學。從二〇一一年創辦以來，由專業人士組成的評議委員會，獲得充分的授權，堅定站在文學的立場上，以民主的實踐方式運作，進行得相當順利。我們通常會在年初開會檢討去年辦理情況，也針對本年度相關作業進行討論，除了排定時程，更會針對如何辦好文學獎的每一個環節，進行廣泛討論，特別是評審和宣傳問題。

二〇一七年，我們在充分討論之後決定增設「人間禪詩」獎項。詩旨在抒情言志，禪則靜心思慮，以禪入詩，是詩人禪悟之所得，可以是禪理詩，也可以是修行悟道的書寫，正好和「人間佛教散文」相互輝映。幾屆下來，成績不錯，得到評審委員的讚歎。

二〇一九年，評議委員決議將歷史小說分成長篇和短篇，等於是增設短篇歷史小說。說是短篇，其實是二、三萬字，辦了兩屆以後，我們信心倍增。此外，我們也設立了「長篇歷史小說寫作計畫補助專案」，每年至少補助兩個寫作計畫，增加誘因，吸引不少海內外華文作家參與。辦理五屆以來，總計補助十個寫作計畫，已有七個結案，正式出版的已有四部。

這個大型文學獎已然果實累累，每一年我們都趕在年底贈獎典禮之前出版得獎作品集；但得獎的長篇歷史小說，我們讓作者自行尋找出版的機會，盼能接受市場及讀者的考驗，提高其能見度及流通量。特別感謝歷屆評審委員的辛勞，他們在會議上熱烈討論、激辯，有讚歎，有惋惜，就只為選出好作品，讓我們感動；相關事務，如評審行政、贈獎典禮的舉辦等，則有勞信託基金同仁的細心處理；得獎作品集的出版，則有賴佛光文化的高效率，於此一併致謝。

（本文作者為全球華文文學星雲獎評議委員會主任委員）

人間禪詩序

禪意、創意、詩藝

渡也

想換個方式寫序。想透過三個重要論點的解說和分析，臚舉得獎作品為例，適時帶出作品的特色與優點，而非針對八首得獎詩作依序逐一評點。所謂三個重點，即是禪意、創意、詩藝。先談禪意。

二〇一七年起，全球華文文學星雲獎增設「人間禪詩」獎項，主任委員李瑞騰教授在星雲獎得獎作品集總序定義了禪詩：「詩旨在抒情言志，禪則靜心思慮，以禪入詩，是詩人禪悟之所得，可以是禪理詩，也可以是修行悟道的書寫。」一般文學獎新詩獎項徵的是「詩」，和「禪詩」截然不同。禪詩基本上必須是詩，同時必須具有禪意。因此，評審委員評閱參賽詩作時，首要關注者應是作品是否具有禪意、禪機？

禪是什麼？李教授已點出要義。以下再引用一些說法，好讓讀者、參賽者參考。古往今來，對於禪的界定，眾說紛紜，或從簡界定，或從寬；有的詳說，有的簡述定義；且界說時採取的切入角度不同。有人如是說「禪意，是指清淨、簡潔、平淡的意識思惟，是一種思慮得到平靜以後得到的人生觀或者人生態度。」見解甚佳。星雲大師曾撰文論及「禪心」有四點意義，第一為你我一體的心叫做禪心。第二為有無一如的心叫做禪心。第三為包容一致的心叫做禪心。第四為普利一切的心叫做禪心。大師所言頗周詳。此四點係節錄，是〈星雲法語．何謂禪心？〉一文之摘要。

禪的意境有深有淺，淺有淺的悟境，深有深的悟境，並非只有深的才有意義、價值。我看到得獎詩作有淺的禪意境者，如〈浮標．浮木．浮舟．浮島〉；亦有深的禪意境者，如〈梅花菩薩〉、〈樹本佛號〉。每首詩創作上的考量、需要均不同，故各展現不同程度的悟境、意境，只要適可即是美好。必須強調的是，並非表達哲理的詩皆屬於禪詩。哲理不等於禪。

得獎詩作都是禪詩。有的詩從頭到尾散發禪意，〈安靜的力量〉、〈茶席〉、〈樹本佛號〉即是，禪味十足。只作片段書寫禪意者亦有之，〈學長說〉、〈浮標．浮木．浮舟．浮島〉即是。不過，並非全詩皆敘述禪意者方屬優秀之作，請勿誤會。

要在一百八十二首參賽詩作中先選出入圍決審作品十六首，創意顯然是相當重要的評審條件，可說是充分必要條件。每位委員會從主題、構思、材料、語言、技巧等方面來評估作品具備創意與否？換言之，高度創意之作較能吸引委員的目光！從平常生活中睡前倒立的動作，聯想其他一些「倒」、「反」、「逆」的事、物，因「倒」而悟「道」，〈睡前倒立〉一詩構思頗富創意也。李進文委員對於此詩獨特主題思想有精闢之剖析，請參考他為此詩寫的「評語」。〈安靜的力量〉通篇所述的細微材料均平凡無奇，作者卻能善用乏「料」可陳、了無新意的小元素，表達不平凡的大禪機，反常合道，堪稱創意思惟中的創意。

在語言方面，有幾首詩出乎意外地使用平淡、簡單、淺顯的語言，如〈安靜的力量〉，此詩竟能寫出純粹的哲思與「安靜」的氛圍，「力量」超強，令委員們激賞，實乃出奇制勝的好詩！〈聽雨：在人生的黃昏〉一詩亦不例外，無怪乎李癸雲委員盛讚此詩文字「語言出奇的乾淨、簡單，竟能如此自然的轉換情景，啟動詩意，情感飽滿。……以日常用語緩緩清點自己的生命……」。一般參賽者多用濃縮、凝鍊、高密度的語言，對立面的語言反而成為一種創意，一種特色，反而引人注目，可真是奇妙的現象！

最後談詩藝。詩藝亦即詩的表達技巧，技巧包羅甚多，這裡僅談表達上露骨與晦澀的課題，也就是顯與隱的現象。我看到入圍的十六首詩存在此現象，參賽者對於「禪意」的呈現，難免不適當、不得體，導致過度顯明或隱晦的問題產生。過度顯明者，如〈睡前倒立〉結尾：「看窗外一棵無憂無慮的樹／長成菩提」，李進文委員認為是「太普通的方便用語」，我有同感。畢竟「無憂無慮」和「菩提」皆太直白，〈樹本佛號〉第三段：「有誰一開始就知道，有什麼住在自己身體／眼耳鼻舌都經過世間幾許劫難」亦不含蓄，所幸小疵不足為病。至於過度隱晦者，〈學長說〉末段最後兩行：「你瞧見一隻熊蜂笨拙降落／嘮叨的蘭花」，有晦澀之嫌，不知熊蜂與蘭花各指何而言？另一問題是：如果前者指死者學長，後者喻作者自己，如此結尾只是安排兩個生動的譬喻而已，何禪意之有？

以上，針對三個值得討論的議題列舉得獎詩作為例，略加解說，給今年、明年參賽者參考。

人間佛教散文序

飛向心靈的遠方

陳克華

此次散文類的參賽作品水準都很整齊，決審過程競爭可謂激烈。縱觀此次進入決審的十七件作品，可以感受到在這網路時代，視覺感官主導著日常人類思惟的當下，仍有許多熱衷於文字的創作者在辛勤筆耕，秉持著對文學的虔誠信仰，以散文的方式將自己日常生活的感觸，生命歷程的反思，某個事件的記錄等等，化為一行行文學殿堂等級的文字，或情感澎湃，或文思細膩，或卓有洞見，或深刻動人，充分展現了當今華語世界的文學愛好者對散文文學的高度投入及精采呈現。此次參賽進入決審的作品當中，文筆秀逸者眾，技法風格各異，最難得的是題材寬廣，視角不同，讀來各有各的巧思和見地，視野與題旨，在如今坊間眾多文學獎參賽作品中，可謂是上上之選。

作品依題材大致有親情類，宗教體驗類，生活記實類，愛情類等，筆法也各擅勝場，有細密而層次分明的敘事鋪陳，也有如小說般情節跌宕起伏，曲折蜿蜒的推演；有的行文用字淡雅，樸實無華，有的活潑生動，人物立體，情節進行歷歷在目，有的更擅於運用譬喻和象徵，呈現文學的高度，有的則在行文結束前神來一筆，令人讀來不覺動容，回味無窮。由此次進入決審的作品來看，使我們對「散文」這一文類燃起更多希望和期待，相信未來在全球華文文學星雲獎的帶動和獎勵下，能在華語世界再創文學藝術的百年盛世，造就更多高超的文學作品，成就更多美好的文學心靈。在此恭喜得獎者筆耕有成，獲得肯定，也寄望未入選者再接再礪，不氣餒；更希望廣大讀者和作者們共同進入這一場豐美的文學饗宴。

人間禪詩

首獎

人間禪詩

第十四屆
全球華文文學星雲獎

安靜的力量

蔡馨慧
逢甲大學人文社會學院書記

學歷——

逢甲大學中國文學系博士

經歷——

二〇一八年獲磺溪文學獎新詩組優選
二〇二二年獲浯島文學獎新詩組優等獎
二〇二三年獲菊島文學獎現代詩首獎

安靜的力量

瓶頸學會支撐燦爛
說它是默不作聲的花瓶
不如說它很瘦、很小心
像酵母菌讓日子發酵
麵糰有淡淡的香氣，就不悲觀

說它不是主角
不如說它，像肥皂
光滑，沒有一點攫取、圖利
只是削弱自己
成就潔淨

這些安靜的力量
瓶頸、肥皂、益生菌之類
像皮膚不會說話
但知道代謝、呼吸的重要

它不問蒼天一句話
而你問候了它。用語言之外的語言
例如給它們水
和不可見的對話
日復一日，關了燈
安靜就是明亮

評審評語——

作者巧妙地從一些日常、細小、平凡的物件，即很普通、無奇的元素，諸如瓶子、瓶頸、酵母、麵團、肥皂、皮膚等意象，做反面思考，深入思考，進而聯想人生，點出佛理。明智地運用尋常的意象、簡單的句子、淺白的語言、單一的念頭，來書寫純粹的哲思與「安靜」的氛圍。開決審會議時，李進文委員因而如此讚美：「透過他者來看自己。」全詩想法、技巧、詞彙、句子均與眾不同，別出心裁。敘述、描繪非常平和、輕盈、寧靜、乾淨，娓娓道來，「力量」十足。亦關顧結構，除了層次井然之外，第一段下開次段，首尾隱約呼應。佳句屢見，如「瓶頸學會支撐燦爛」、「像酵母菌讓日子發酵」、「像皮膚不會說話／但知道代謝、呼吸的重要」，又如「日復一日，關了燈／安靜就是明亮」等深刻動人、優雅有味的語句均是。淡淡著墨，隨意點染，意境卻全盤托出。不言禪，卻處處暗含禪機。第二段結尾兩行尤妙，禪味十足，乃神來之筆也！

——渡也

獲獎感言——

對於一個不喜歡說話的人，新詩剛好就是一種不用多話的文類。在我的閱讀經驗中，又發現「話不多」的新詩，對於生命是有很多指點性的，有時像航海圖，有時像神諭。在一首詩裡面，詩人的「看見」自然有它的生存領會。很幸運，有一天我也能將日常生活中的種種領會，以「目擊者」的身分寫出「靜物」的證詞。

貳獎

第十四屆
全球華文文學星雲獎

人間禪詩

梅花菩薩

王怡仁
華舞伴金銀工工作室創藝總監

學歷——

國立臺北商專附設空中商專企管科

經歷——

二〇〇六年曾獲聯合報文學獎新詩評審獎
二〇〇九年曾獲菊島文學獎現代詩首獎
二〇一七年獲打狗鳳邑文學獎高雄獎與新詩首獎

梅花菩薩

梅花菩薩
那時山門樹頂
又派出了幾朵寒梅
它們有笑，但並不知客
菩薩！祢來！去唱他們的歌
去流他們的淚

爾時整片逆光的天空
木魚從鐘聲的流域裡潑剌躍出
在琉璃瓦上閃著金黃的鱗光
菩薩！祢來！去說他們的話
去摩他們的天靈蓋

菩薩！祢來！整座山靜靜地香
微雪落在掃地僧人熄火的戒疤上
水泥門階前被掃得沒有水、沒有泥、沒有門也沒有階
只見塵埃一角靜靜陪站著一棵菩提樹

一縷軟軟的炊煙剛剛蛇過就被暖暖的灰燼掃起
簷馬之下，菩薩在看——小沙彌憨憨地打盹兒
藏經閣抱著的《金光明經》，蝴蝶正要過來題辭
微風翻出紙葉裡的光，在等
春天入院覽讀

評審評語——

此詩有節奏、有畫面、有意象層次。前二節以寒梅、木魚喻眾生，菩薩前來度眾生，陪眾生一起「去唱他們的歌／去流他們的淚」，也陪眾生「去說他們的話」並慈悲地「去摩他們的天靈蓋」。

到第三節透過僧人掃地，掃除一切煩惱塵埃，暗喻進入形而上之空無境界，前來的菩薩則與山景（天地）融為一體。這三節層次由入世到出世。

但最後一節卻轉折，把鏡頭拉回入世，透過菩薩看著小沙彌打盹，以及眾經之王的《金光明經》和春天裡的蝴蝶隱喻，呈現（人間）安詳、澄淨的畫面，意在言外，言外亦有境。

此詩同時兼顧佛性與人性的敘述，字語輕盈卻別有深意，沉靜的畫面之中，又隱伏「聲響」（例如簷馬之晃動、微風翻掀紙葉），造景又造境，讓禪的氛圍陪伴在眾生的生活裡，且得到寧靜與安慰。

——李進文

獲獎感言——

我見青山多嫵媚！我們對世間萬物的見聞、情感、省思……，應該都是自己「心」的投射，這樣想來，一切都復歸於凝定澄澈。

我的心或許也曾經是「經書」脫落的一張紙葉——暗香從塵土的一角驚起，薰風復來吹拂；感謝菩薩這樣垂下衣角，讓我用天地一朵寒梅再華嚴您。

叁獎

第十四屆
全球華文文學星雲獎

人間禪詩

茶席

林世明
退休

學歷——國立臺灣師範大學

經歷——教育工作者、語文競賽評審、旅遊書寫

茶席

擺一席山水，靠近禪寂方位
攤開天地，風雪偕霧淞布局純粹
盆花設色不增不減
杯盞以空無敞懷，虛極羅列
茶葉端坐壺心，體感森冷絕巖
高溫滾燙的亂流忽焉襲來
衝擊內在寧謐的本質

將外在喧囂毅然隔絕
以虔敬之姿，刻慢時間的節理
溫壺、入茶、出湯、聞香
和緩散盡峰頂的霜寒
品茗是場優雅的掬水迎月
煙嵐在晨曦中升起
千山獨坐的孤高逐漸破曉

如果小綠葉蟬不曾啃咬稜線，山坳怎能滲出新傷？
蜷曲卑微低海拔心緒從此著涎沉澱
凝為橙紅琥珀蜜香
執壺的你，徐徐注入生命光影
端杯共飲濃烈轉淡風景
收納，浮塵人生回甘滋味

評審評語——

擺茶席，如擺山水，亦是如擺人生體會，油然散發「一花一世界，一葉一如來」的禪意境界。本詩從茶起興，對杯具、茶葉特性、品茗、茶色等相關物事的描述，皆貼切的扣合心境，物人互涉，自然散發人生哲理，極有滋味。語言使用沉靜而優雅，布局脈絡分明，意義精準到位，能逐步營造情境。可惜的是，最後一段的表達較於直白說明，與前面含蓄而富韻味的點染，略有不同，以致回味的力道較弱。整體觀之，此詩巧妙以小喻大，將茶的世界生動描繪如潑墨山水，引人靜思冥想，禪意和詩意盎然。

——李癸雲

獲獎感言——

寫作是，內心對話與推敲。我深信，再平凡事物定有驚喜之處；看似靜止的海平面，潛藏蓄積的氣象或早已洶湧。

書寫經年，發覺最難的不是落筆當下，而是反覆思索的漫長過程。如何獨具慧眼，從礦石中敲出晶亮閃爍；自窠臼中找到新意，願意顛覆熟練的慣性。也許我們總不自覺走向，某條經常散步的道路；但偶爾岔出陌生小徑，或許一時迷途失序，卻可能收穫奇異風景。

期許自己照著心意走，毋須被得失榮枯綁架。寫出獨特感動，靠近不朽。

佳作

第十四屆全球華文文學星雲獎

人間禪詩

學長說

黃木擇

伊甸基金會高專兼組長

學歷——

輔仁大學非營利組織管理碩士學位學程

經歷——

二〇二四年金車新詩獎入圍

二〇二三年獲南投縣玉山文學獎首獎

二〇二三年獲桃園鍾肇政文學獎特優

學長說

請旋開氧氣瓶，雙手輕輕
催動生命的起滅
儀器播報沿路回溯誕生的歷程
在救護車廂內，在人間世之外
一小段塌縮的肉軀是易燃物
嗶剝著神識，心電圖隨唱誦聲起落

鳴笛聲後座，尾隨一台兩輪機車
一件黑色短袖，如蜜蜂等待花開
緊依著生，也迎接死
是生命禮儀公司行規
是因果相互追逐玩耍，學長說
他熟練在厚厚的紗布巾上開出
一朵鮮花

學長不再說了，他身體橫躺
恰似一位熟睡的安妮
你擠出空氣，原來醫用手套與生活如此貼合
嘗試按壓冷笑話，手輕輕劃起圓

塔樓與禮廳外，行往火化場的路途
你瞧見一隻熊蜂笨拙降落
嘮叨的蘭花

評審評語——

此詩文字乾淨，別有意味。淡淡地，以事件述說「死亡」，舉重若輕，沉重的議題在作者筆下顯得溫馨感人。生死本就是禪學的重要課題之一，作者只「呈現」事件，不多加解釋、說明，寫法成熟，從「學長說」到「學長不再說了」，有層次。結尾收束極佳，開放想像，彷若一種「生活禪」，值得玩味。末了畫龍點睛，以個性溫和的「熊蜂」暗喻死者（學長），以「嘮叨的蘭花」自喻，頗到位。

面對往生者的處理過程，以及對死亡課題的思考，頗為細膩，情緒卻能節制，甚至帶點幽默和放鬆，例如「嘗試按壓冷笑話」，意味著想起學長是個愛說冷笑話的有趣之人，所以即便受傷包紮，學長都能「熟練在厚厚的紗布巾上開出／一朵鮮花」。死亡對作者來說或許也是學長的冷笑話，眼前躺著的只是用來練習CPR的「熟睡的安妮」，投映出作者其實不希望學長真的離開人世，而只是開玩笑而已。死亡是悲傷的，但作者透過呈現學長的個性，暗示學長並不希望大家為他悲傷。然而隱藏在詩句底下的作者，卻令人感覺到比悲傷更悲傷。

——李進文

獲獎感言——

獻給高雄市苓雅消防隊的學長姐，獻給那些背後於風災急救中，支撐生命氣息的工作者，在短短不到一年的消防替代役期間，卻觸及了更多更多的生命故事。

沒有了水帶、不用查水源、無法值勤、不能一同跑動ALS救護，已經遠離了實務現場、在生活泥淖中的我，究竟還有什麼可以回溯或書寫的機緣呢？

思緒正想著，而殯儀館旁造景植物上，一隻笨重的蜜蜂嗡嗡聲，彷彿正耐心回答我的懸問。是的，我們皆在生命的迴圈中奔走、疑惑、痛苦、淡然。

佳作

第十四屆全球華文文學星雲獎

人間禪詩

睡前倒立

邱逸華
桃園市立楊梅高級中學教師

學歷——
國立中正大學犯罪防治研究所碩士
國立清華大學中國語文學系

經歷——
二〇二二、二〇二四年獲教育部文藝創作獎新詩項目優選
二〇二三年獲磺溪文學獎新詩類磺溪獎
二〇二四年獲磺溪文學獎新詩類優選

睡前倒立

月兒藉我的足弓鬆開筋膜
將溫柔的感謝逆著聽，反著說
為了蜉蝣芥子舉起宇宙的壯語
我倒懸，無須人解

也曾經是一個少女
勉強在顛簸之路擺正自己
稿紙上的朱批，切風破雨的眼淚
讓女孩在晉升女人之前，熟悉卑躬——
向難以平衡的肉身，千纏百結的關係譜系
所有寄望的眼光，既痛且癢的針對……

當子宮終屬於我而非定義一個母親後
我回到和姊姊們一起爬樹的童年
彼時的我們多麼輕盈
輕盈到可以倒掛自己在細枝上
如一群無懼日頭的蝙蝠

夜夜，月光俯臨的一炷香裡
世界為我顛倒
看窗外一棵無憂無慮的樹
長成菩提

評審評語——

此詩有奇想，人體倒立的同時，心和視窗一起倒立，由此以不同的角度觀察和看待人生。作者以女性口吻，娓娓述說童年，並探索女性自我的成長和覺醒。

「倒立」的讀音「ㄉㄠˋ ㄌㄧˋ」，聽起來也是「道立」。倒立是「反」、道立是「正」，正與反，製造內在的思辨，道要能立，必須透過不同方向和方位（包括倒立）去探究生命的本質，從而看到尋常之外的真相、理所當然之外的例外，方能有所頓悟。

作者藉由睡前倒立，回溯少女時的顛簸、卑躬與掙扎，思及童年倒掛樹上觀看世界，且發現，世界也會為我而顛倒，進一步有所覺悟。

她一人的成長，實為許多人成長歷程的共相。倒立也可以理解為「灌頂」之意，以體重和四大海之水，灌在頭頂，有祝福之意，在有所覺悟後，也給予自己和他人祝福。

作者將成長的每一階段逐層描述，寓思考於故事、事件之中，頗多留白，引人對照反思。不過，此詩最後兩句「看窗外一棵無憂無慮的樹／長成菩提」——這是太普通的方便用語，建議可再思索更合適且有創意的語句替代。

——李進文

獲獎感言——

感謝佛光山全球華文文學星雲獎，鼓勵了許多創作人，讓我們從「心」出發，將對存在的感悟與禪思，連綴成生命的詩篇。執教為業，卻熱愛文學，詩歌創作多從現實生活取材，詩風平易近人。喜自鑄新辭，追尋言外之意。常從親情、愛情、女性議題、弱勢族群生存困境等現實面向擷取創作題材，細心探查城市生活的虛無本質，描寫現代人的苦悶與掙扎。在文字貶值的時代，每一次獲獎都是對自己寫作的鼓勵，漫漫文學之路，或許寂寞，但從不孤獨。

佳作

第十四屆全球華文文學星雲獎

人間禪詩

樹本佛號

語凡
Dua Land Pte Ltd/ Accountant 會計師

學歷——
新加坡義安理工學院會計專業

經歷——
二〇二二年獲新加坡文學獎
二〇二四年獲臺灣「時報文學獎」新詩二獎
曾獲第二屆陳贊一博士世界華文微型小說創作獎（二〇二一—二〇二三）

樹本佛號

父親種一棵樹，聽了一輩子蟬
也找不到半句佛號
那棵樹就這麼落盡半生的悟
心顯得通圓，身顯得貌如昨日
偶有一兩聲嬰啼，衝破夜的薄紗

亦是自然緣法

鳥撿幾口枝葉而去，雲帶幾許秋雨而來
不定是誰的得失，不定是誰的消長
父親和它都只是看不見自己，被刻在身上的名
被蟲咬出的傷，被時間圈起來的紋身

有誰一開始就知道，有什麼住在自己身體
眼耳鼻舌都經過世間幾許劫難
渡盡萬千悲喜

不管有沒有腳，走過世間看遍芳華開落
不知，不覺已是秋的朽木

是不是你會從火中走來，如煙
放下木的本相，從此自在物我相忘
不再囿於前緣本事，父親你聽
那聲聲蟬，半句佛
都是你我來生

評審評語——

此詩寫樹的一生，喻指父親的一生，同時也寫生命共象，在樹——父親——人生的生命共鳴交織中，穩定的推進詩行，結構完整，意義聚焦。題旨甚深，在人生與蟬聲中，窺探生命真意——「佛號」，試圖理解來來去去的表象，物我內外，是非得失，以及某種時間啟示。語言雖然平淺，卻自然乾淨，平穩的帶領讀者思索時間或生命循環。末段敘述若有所悟，復歸於一，放下本相，物我兩忘，終於體會「樹本佛號」，讀者至此似也能澄淨內心。

——李癸雲

獲獎感言——

喜歡寫詩，也喜歡小說，已出版九本詩集，一本散文詩集，一本散文集，希望我的文字可以帶給人思考，幸福和安慰。我計畫寫幾部長篇小說，刻劃複雜的人性。希望造物者給我時間、智慧、勇氣和力量，讓我完成這些人生目標。同時請讓詩和美好的文字一直與我同在。

佳作

第十四屆全球華文文學星雲獎

人間禪詩

浮標・浮木・浮舟・浮島

美緣

退休

學歷——

彰化正德高級商工職業學校

經歷——

二〇二二年獲桃園鍾肇政文學獎現代詩潛力獎

浮標．浮木．浮舟．浮島

幾天年假過去，始終露出半張臉
我們家就像浮標上上下下依然停在原點
不與人潮去來，塞車就扭開廣播，封城就戴緊口罩

兒討厭往好處想，掉了一隻眼睛後
他們總跟他說：笑一個，至少你還有一隻能看
他的同事都是殘缺，也許剛開始的確惺惺相惜
當現實不斷吞沒綿羊的他們，彼此之間只有益增的灰暗

一次離職學到的東西猶勝工作十年，兒說公司是浮木
他報名課程，告訴我們有些人是語言的魔術師
連描述自己的痛苦與不幸時都能讓台下備感羨慕

我和老伴無以反駁
晴天我們家是搶手的耕地
暴雨則消失，全世界的渣滓都留給洪水後的我們
當我們身旁的候鳥得到最高規格的待遇
我們卻巴望醫生核准這次身心障礙的粉紅卡

身為一座宿命觀的島，兒子終將留下我們終將離開
離開十個數字的經緯座標，離開百來斤的肉身
離開一輩子認識的三千居士，離開幾千萬元的房
每個人都是自己的島，海面下板塊磐連
即使它們不曾意識此事

評審評語——

日常即修行，一切苦厄亦如是。《大般涅槃經》言：「生世為人難，值佛世亦難，猶如大海中，盲龜遇浮孔。」〈浮標．浮木．浮舟．浮島〉，文字雖有點散文化，標題下得也不夠高明，但詩須以「整體」觀之，它通篇細節瑣事有機串連，字語樸素，言及人生殘缺，令人沉浮於情真意切的感悟裡。每個人都是獨自的島，但島之下是相連的親情板塊，不忍亦不能割捨，其述說，平凡而有真味。

作者若能將太長的標題精簡統合在一個「浮」字，會更有助於命題集中和清晰。《法華經》所說的「盲龜浮木」，星雲大師在著作裡曾據此闡釋：

「世間上有多少眾生，那許多的飛禽走獸、魚蝦動物，牠們為了生命的存活而終日辛苦；即使有幸生而為人，也有富貴貧賤的差別、盲聾瘖啞等殘疾的痛苦，因此我們今天能做為一個身心健全的人，是相當不容易的。」

或許此詩也可引申聯想「盲龜浮木」的譬喻，給自己正向人生的能量。

——李進文

獲獎感言——

禪門末法，永難參透，拙見禪機生活中無處不在，乃為唯一愚鈍如我可依循，於是，獲獎亦是禪，是機，是緣，無比感懷星雲大師風範。

佳作

第十四屆
全球華文文學星雲獎

人間禪詩

聽雨：在人生的黃昏

吳錫和
新北市政府殯葬管理處課員

學歷——
中國文化大學企業管理學系

經歷——
一九九一年獲教育部文藝創作獎新詩類第一名
一九九二年獲全國優秀青年詩人獎

聽雨：在人生的黃昏

活過大半輩子
彷彿就為了聽這一場雨
而今，我已經來了
站在自己黃昏的屋簷下

是花，已經飄零了大半
是葉子，也所剩無幾
就像一棵老老的樹，在雨中
聽雨，也聽自己

這是一場屬於我自己的黃昏雨
我可要仔仔細細地聽呀
聽每一顆晶瑩剔透的雨聲
哦，不，不只是聽，我還要
真真實實地感受
每一滴雨水的冷澈

詩人說，留得殘荷聽雨聲
想我這一身臨老的風骨
是雨水，就把我徹徹底底地淋濕
是火啊，就把我燒得乾乾淨淨

評審評語——

此詩語言出奇的乾淨、簡單，竟能如此自然的轉換情景，啟動詩意，情感飽滿。雖然以雨和黃昏寫暮年，並非獨創視角，此詩卻也不俗，以日常用語緩緩清點自己的生命，簡約平靜，韻味十足。「聽雨，也聽自己」是詩中核心譬喻，透過組織黃昏、屋簷、老樹等相關意象的呼應，成功營造暮年景象的「冷」。然而，詩人不以「冷」的情境作結，轉而以「擁抱」、真實感受「冷」的熱切之心來直面對決生命，豁達開闊，尤其末兩句讀來痛快。唯「詩人說，留得殘荷聽雨聲／想我這一身臨老的風骨」這兩句較為直露、無關，似成贅語。

——李癸雲

獲獎感言——

從我二十一歲在《蘭陽青年》第五十八期（七十六年十二月）發表第一首詩開始，到現在竟有將近四十年的詩齡，問自己為什麼寫詩？只是遇到可喜的、可樂的、可愛的……人事物，美麗的詩句總會自然而然浮現心頭，咀之再三，嚼之再三，滲出了滋味，因為有感，所以有詩。

如果問我參加了什麼詩社，我會說，看那大自然，看那人世間，就是我的詩社。每一個人都是我可愛的詩友。

感謝評審先生對我的厚愛，感謝全球華文文學星雲獎評審委員給我這個殊榮，感謝再感謝。

人間佛教散文

首獎

第十四屆
全球華文文學星雲獎
人間佛教散文

草木本無意

鄭麗卿
寫作者

學歷——
輔仁大學歷史學系

經歷——
二〇〇九年獲臺北縣文學獎散文類首獎
二〇一〇年獲時報文學獎小品文類優選
二〇二三年獲林榮三文學獎小品文類

草木本無意

平日常走的步道旁，新種了一長畦的玫瑰花，已開了三五朵。賞過花之後我繼續散步。行進間想起在疫情期間，這社區的花圃長時間沒有剪草，巴拉草都長到桂樹的腰部，達到一片荒煙蔓草的境地了。這一畦玫瑰植株下已長滿了我想不起來或從不知名的雜草，密密匝匝已有半尺高，再過幾日雜草怕就要淹沒玫瑰株了。為了這一畦玫瑰花，一路上我想著自己可以做點什麼。

夕照下的玫瑰花更顯鮮麗，深深嗅聞著清淡芬芳的氣息，我決定：只要路過這裡，就要為玫瑰花除草。我蹲下來試著拔草，總有點忐忑，不時抬頭往身後查看，畢竟這裡不是自家園地，就怕警衛、住戶或來蹓狗的人因我可疑的形跡而來「指教」。

所幸，有人漠然走過，有人被狗拉著急急往前，看來沒人注意我在做什麼。新長出的草拔起來容易，剛下過幾天的雨，草一拔起連帶有股濕土和腐植味，並混雜著青草的辛辣和臭腥氣，這是我曾經熟悉的氣味，土壤中也隱約有各種小昆蟲窸窣向八方奔竄。我手抓草莖不加思索便往地上拍了拍將草根夾帶的泥土甩掉，原來，手都還記得小時候跪在水田裡挲草、在香蕉園拔草的動作，務必去掉草根的泥土，都說斬草要除根，絕不給雜草留下生機。花圃的土很鬆，草拔起時帶有草根離土時輕微的刷刷聲，我也還記得拔草除之而後快的殺意。

雜草和農作物搶食養分、水分和陽光而影響作物生長，田地上雜草長得越旺盛，農家就越焦慮，那是怠惰的象徵，也像被雜草侵門踏戶有失面子，草類一直以來都是農家的天敵，但雜草並不知道自己是誰的天敵，春風吹夏雨來就生長，無可遏制，成群蔓延兀自長得生機盎然、欣欣向榮。小學時的假日我們常在香蕉園、菜畦蹲成一排拔草。全株長刺的刺莧、含羞草，根扎得深且廣的牛筋草，我們費盡拔蘿蔔之力也拔不起，得藉著小鋤頭來刨根。香附子、紫花藿香薊、豬母奶連綿到天邊看不到盡頭，怎麼拔也拔不完。童少時期沒有比蹲著前進拔草更無趣疲累的事了，讓人恨死那些雜草了。

隨著閱歷、常識的增長，才了解到雜草並不僅僅是「害」草，草類的生長不僅保護土壤不受侵蝕，根系更能鬆動、改善土壤結構，也為各種生物提供棲地，有益於生物的多樣性；草的生長狀況也反映土質，並補充土壤中的有機質。現在，或許是年紀大了，也不再有拔草的負擔，當我再次回到果園蹲下來撫摸新生的草叢，竟也有像撫觸嬰幼兒皮膚的感覺，而生出憐愛的心情。那一簇一簇的青草追隨著太陽，展現無可抑制的繁殖力量，真正生生不息的是這些小草。

眼前可見的小草，我們慣以野草、青草、雜草或小草概略稱之。平時放眼一片草地，也只得一片模糊無形的草綠色，並不較真地去一一辨識。日本植物學家牧野富太郎卻說：「世上沒有一種草叫做雜草。」每一株草都是有名有姓，只是我們對蟲魚草木無知不識罷了。在植物學的分類上，綱目科屬種的學名一般以拉丁語標記，顯得學問高深且難記，大家總依其特徵、用途，在各地方又隨人興味取名，有莊有諧，比如圓仔花又名千日紅；馬齒莧也叫豬母乳；鼠麴草又叫做清明草、母子草或金錢草。咸豐草的黑褐瘦果有倒鉤刺，小時候曾經在草地上和友伴互相丟擲嬉玩，別名鬼針草俗稱恰查某，倒也恰如其分。

記得在高中時期，阿嬤搗煮一鍋黑糊糊的青草膏治癒了表姐常生瘡的皮膚病（臭腳黏），至於那一鍋青草膏到底放了哪幾味青草，竟也沒人知道了。夏季酷暑，我們也喜歡喝杯青草茶或仙草茶，有點苦，有點甘，彷彿真能消解盛夏暑氣。這些用來清火防中暑、消炎解毒、袪除夏日熱毒的是哪些青草？恐怕即便相逢應不識，如今我們也不懂得在野地裡採食野菜，是暴殄天物了。當我們特地驅車到山上去吃野菜，倒不在意一定吃到什麼，只讓車子在山路裡滑行，尋找那一塊粗拙字體的簡單招牌下，鐵鍋快炒山萵苣、山芹菜或破布子炒山蘇，各自咀嚼尋思各人嘴裡的苦味。雖說我們對青草感到陌生，小看它，踐踏它，實則日常用它，喝它，吃它，又十分親近。

直到晚近，我才能欣賞春日荒地上那大片大片的咸豐草白花、通泉草酢醬草的紫花、蔓花生的黃花和蟛蜞菊，陽光下微小而壯麗的風景。小小的花朵就像嬰孩臉龐，清美新鮮，單純而短暫，正因為短暫，如此盛放然後凋萎，是一幅幅大自然的自畫像，也是一面照鏡，照見了自己的傲慢，無知的樣子。

當陽台花盆第二次長出同樣的不知名小草，新葉鮮綠有光著實可憐可愛，看著也不忍再冒然拔除。我給予些許清水，它以一暝大一寸的速度抽高，漸漸結出數簇花苞，並開了一元鎳幣大小的五瓣白花，清淨如晨光，小小的淡淡的盛開，持續十餘日。小草完成自己，並以美麗無邪回答我。

可能，是風的緣故，也或許是飛鳥帶來種籽，大花盆長出三株龍葵，葉葉鮮嫩，想摘來煮鹹粥也不夠用，便任其生長。依傍著茉莉花枝幹在有限制的空間裡，龍葵斜倚著長出自己的姿形，漸漸莖上開了簡單細小的白花，花蘂一點鮮黃，很快地一顆顆果實競生膨脹，綠豆般大小，在陽光下晶瑩透亮如綠寶石。等果實由青酸逐漸轉為紅紫以至熟成烏甜，招來白頭翁和綠繡眼時來嘰喳啄食，我在窗簾後遠觀小鳥在陽台歡喜踴躍，快樂更勝於自己重溫兒時在田壟間採食的滋味。

而在養死了三數盆鐵線蕨之後，意外發現住家後巷紅磚牆縫隙有簇簇長得頭好壯壯的鐵線蕨，半牆的蓬勃綠意。為什麼為什麼呢，我天天澆水看顧它卻死了，實在不明白我到底做錯了什麼。又常在路邊牆角、水泥路的縫隙或岩石裂縫，甚至老屋屋頂上，意想不到的角落，見到隨順著風吹方向、光照走向和牆的角度長出姿態優雅的鳳仙花、蒲公英或狗尾草，或有不知名小草抓住不多的泥土，吸收微薄的水分，沒有同伴，獨自傾斜著抽長、開花，意志強悍地在縫隙中過日子。雖是大自然的無心姿態，在我看來宛然是激勵人心的心靈雞湯，強韌而美麗。試想它們的種子如何自庭院、花盆中乘風脫逸而出，落在貧瘠的一角發芽著根，無聲無息在堅硬的環境中找出生存的方法，以姿態、顏色映襯出那片剝蝕的牆面、裂縫精神燦爛。

現在去野地走走，我很願意多去認識不曾見過的花草植物。比如在臺北近郊生長的通泉草、蔓花生，這是在屏東鄉下不曾見過的；到了墾丁、小琉球海岸邊沙地才見識到夢幻般的土丁桂。四月下旬到苗栗公館拜訪朋友的山上居，朋友說年紀大了，花園多半就隨它去，也因此顯得有野趣。在這花園我首次見到爵床，又名鼠尾紅，開著美麗小小紅花在微冷的光影裡搖曳；一株瘦伶仃的銀杏，新綠的葉正扇著春風來。昭和草昂然獨立在草地上，野得美，好美好野好生動，充滿花園的一角。一隻快樂的石龍子竄出，擺一擺頭又羞怯地竄進草叢裡。

下午我們在屋裡喝茶，風吹動雜樹林葉子發出連綿的颯颯聲，五色鳥唱完紅嘴黑鵯唱，貓頭鷹漫應幾聲。不久下起雨來，窗外綠浪微波，雨水勻勻地落在樹葉、草葉上細微的摩挲，終於每一片葉子都濡濕了。我們在屋裡坐著談著，漸漸就只剩下雨聲，雨聲如溪水流過，細聲沙沙漸成點點滴滴，洗去些微塵勞倦意，讓人感受到一種清澈的、深沉的靜。

那是正當桐花開的季節，雨後便出門賞花。山上的林道早已鋪上桐花地毯，桐樹聽見我們走近的腳步聲，桐花便紛紛落下，我們屏息謹報以好美好美的讚歎。晚餐後再走一次林道去賞螢，才出門便有點點飄零幽光在花園草叢低處滑移，像流星的細微碎片劃過腳邊。待大家興奮驚呼聲稍定，主人帶領我們前往樹林更深處走去。儘管大家距離撲螢為樂的年紀很遙遠了，看見螢火蟲仍讓人感到孩子般單純的欣喜，像收到老天賜予的禮物一樣。小時候在農村的夏夜，容易在草叢或花草間就能發現螢火蟲出沒飛行。我記得一回我們全家出動在蠶仔寮為熟蠶上簇，深夜忙完後姊姊和我兩人先騎車回家，在無人無路灯的暗黑農路上，已看不清路兩旁有些什麼作物，夜空黑暗又澄澈無垠，銀河橫跨過天際迤邐而去，弦月懸在檳榔樹梢，唧唧蟲鳴，或許也有蛙叫，螢火蟲在檳榔樹幹間上下穿梭飛行，閃爍不定是夜路上微明的光，宛如前方村子裡的微焰燈火，撫慰我微微的不安和害怕。那是多麼遙遠的記憶了，天上光熠熠的銀河，人間照路的螢火蟲，多麼清晰，真實，卻不曾再得，直到這個春夜。

春夜的山間林道並不安靜，雖然再無他人和車輛，一路上蟲吟震耳，不知是蟾蜍還是樹蛙呱呱鳴叫，像一首歌謠間歇唱著。樹葉間一輪亮光，初以為是路燈，草地上反映著一片清光，近處遠處的樹葉閃著光，終於把四周都照亮了，原來是農曆十四的圓月，第一次感受到月光可以亮到這麼直白刺眼。我們關閉所有光源，在林蔭之下豐草之上，螢火蟲煥若群星，晶亮的光點輕盈迅疾移動，劃出曲折的動線，那是正當年輕、健康的光，歡快互相追逐嬉戲，踴動著生之歡愉，幾幾乎要聽見牠們熱烈喧鬧的呼叫聲了。在此閃閃爍爍不可思議的夜晚，彷彿再往草地前進一步就要踏入星空。

一週之後再來花圃，春雨均霑玫瑰株和春草，拔過草的地方青草又長好長滿了，生氣勃勃在微風中悠然搖曳。青草無所事事，迎著陽光形成一片單純的綠，招待蜜蜂、滋養白粉蝶，甚至稀罕地有青帶鳳蝶到訪。我仍依照自己的約定蹲下來拔草，「啊，我深愛玫瑰，又被那刺所深愛」[註]，雖一再謹慎小心，手指頭終於還是被玫瑰尖刺所刺。一陣尖銳的痛，讓我猛然抽回手，熱熱的，腫腫的疼痛卻一直留在指尖。是我不該做多餘的事，介入花圃的生態嗎？回頭一想，玫瑰花美麗芬芳，化身愛情的象徵物，贏得眾人的目光，那長在花朵底下的小草難道就不該存在了嗎？我不總認為地植的玫瑰，葉片有些缺口，瓢蟲、蜜蜂藏身花心，小蝸牛爬在枝枒上，這樣的玫瑰花才是健康美麗的？在繽紛的花朵底下若缺了草色，不也顯得少了點什麼。少了點什麼呢？缺少了野性，缺少了完整。

我也不過是一道短暫投射在玫瑰花和草地上的陰影，除草的想法和作為似也顯得無謂和徒勞。孟浩然的詩句：「草木本無意，榮枯自有時。」我就放過青草任其茂盛生長，也放過我自己吧。我這樣猶豫著反思著，前方不遠處草地上的八哥和珠頸斑鳩或許已經熟悉我的存在，正不慌不忙四處逡巡跳躍，與玫瑰花、百草和我一同目送夕陽西下。

註：引自智利詩人密絲特拉兒〈財富〉一詩，陳黎、張芬齡　譯

評審評語——

本文由「拔草」破題，為了讓玫瑰長得鮮麗，作者理所當然的蹲下拔除玫瑰株下長得半尺高的雜草，猶且不斷的強調「斬草要除根」，又說「草類一直以來都是農家的天敵」。但就在這種鮮明的、單一的仇草心態中，作者悄悄的夾入這樣的文字：「但雜草並不知道自己是誰的天敵。……兀自長得生機盎然、欣欣向榮」，彷彿輕輕暗示一切生命無非造物者的安排，仇草、恨草都是我們的妄念。由是，順此而下，翻轉敘寫草之益、草之用、草之韌、草之美，字裡行間，充滿作者憐愛、感動、慚愧之情，遂在小草、草花的映照中，發現自己的傲慢與無知；發現小草對生命意義完成的詮釋，終究帶給自我無限的啟示。

值得特別一提的是：文中出現的花花草草令人目不暇給，文末更結合多種罕見的花、草、植物、風聲、雨聲、鳥聲、蟲聲、蛙聲、桐花、螢火、星光，織成天地中一幅絕美、躍動的生命圖象，展現天地、萬物和諧的真諦，是一篇兼具知性、感性、智性、悟性的佳作。

——何寄澎

獲獎感言——

此文由路過社區玫瑰花圃的起興，敘述從小時候在農村拔草的無趣經驗說起，及至陽台上蒔花弄草，日常我們與青草的關係，從因勞動而厭惡到現在的和平相處乃至欣賞喜愛；草類充滿野性開展的生命力又謙遜的存在，平凡簡單卻滋養大地。放下個人執著，凝視自生自在的花草，抒寫生活中體驗物我交融的愉悅。

感謝大家，感謝來到窗前的花草和小鳥，野地上的青草野花、蜂蝶螢火蟲。

貳獎

第十四屆
全球華文文學星雲獎

人間佛教散文

裴籠

賴俊儒
國立臺北教育大學助理教授

學歷——
銘傳大學應用中文系博士

經歷——
二〇二一年獲林榮三文學獎散文獎二獎
二〇二三年獲臺北文學獎現代詩組優選
二〇二四年獲打狗鳳邑文學獎高雄獎

裝籠

相隔十多年，我重新走入弟弟的房間。

剛出院不久，弟弟腿上石膏仍未拆，開門後，他挪動龐大身子，扶著桌緣，艱難地坐回床上。套房不大，格局方正如盒，空間裡幾無家具陳設，大紙箱在角落堆疊，幾乎沒有落腳的空間，除了一個電水壺外，地板被外賣紙盒與垃圾空瓶全面占領。

我只能站著，視線停在電腦桌上的巨大螢幕，裡面是我們從前一起沉迷的網路遊戲。這麼多年了，沒想到伺服器仍在運作，更沒想到弟弟居然還在玩。畫面上的角色無人操控，此刻卻仍持續砍殺怪物，想必是靠外掛程式自動練等，外掛狗必須死——遊戲裡沒有比公平更要緊的事了，以前我們都這麼嘲諷使用外掛的玩家。那是以前的我們。

「怎麼不叫房東換？」我指向玄關閃爍的燈泡。

他沒說話，低頭專注和手機另一端玩家交戰，不知是真沒聽見，又或只是假裝沒聽見。手機是靜音的，炫目光影持續在昏暗房間裡折射，像露天電影院放映默片，牆上的演員雙唇徒勞開合。又彷彿只是我誤蹈真空，在這沒有介質的房間裡，聲音再大也無法傳遞。彷彿又回到從前一次次的質問，緊閉的貝殼，鎖死的房間。我們究竟是怎麼走到這樣的沉默？

▲

童年時，弟弟一直是最好的玩伴，在我發明的各種遊戲裡從不缺席。

父母忙於營生，無暇為家中事分神，我和弟弟遂成了鄰居口中的野孩子，在放牛吃草的日子裡盡情放縱。

家裡沒有什麼玩具，我們就自行發明遊戲——拖出垃圾場的彈簧床墊當作摔跤擂台，在公園廣場舉辦呼啦圈擲遠大賽。遇上社區停電，就指揮小孩們分作兩派，各自拿出家裡的枕頭棉被，宣告第三次世界大戰正式展開。

若不幸被父母禁足關籠，也有在家中的玩法。衣架可以折成籃框，保鮮膜的硬紙捲可以當作球棒，所有圓形物品都能是球。即使器具都被沒收，我會叫弟弟跟著我往地上一躺——世界被攤平成一張 2D 橫向卷軸，兩兄弟當起了馬力歐與路奇，在家中躍高爬低。又或者在客廳鋪上厚棉被，我們在上面芭蕾舞者般自轉，直到三半規管失去控制，直到暈眩倒地，滾動大笑才停止。

這些瘋狂的遊戲弟弟無役不與，與其說我們熱衷「玩遊戲」，不如說是著迷於「發明遊戲」，遊戲即世界，即使只是舊世界裡增添一項新設定，都像是多創造一個獨立運轉的宇宙。

社區關不住我們，找不到玩伴時，我也會帶著弟弟從山腰的住家開始往市區探險。

那時捷運還沒延伸到城市的邊緣，大人提到進市區時都還會說「要進城」。小小孩在物理上有其移動極限，但大腦卻能抵達無限深遠之處。我是探險隊隊長，弟弟則是副官，這支二人部隊在城市裡潛行，我們會蹲地、貼牆，閃身躲過警衛亭的視線，從車道潛入陌生大樓。我曾在幽暗的地下停車場尋找密室與暗門，也曾從逃生梯爬上陌生建物的頂樓，在迷宮似的違章加蓋裡翻牆穿梭，以為自己是動作電影中無所不能的特務。

馬路如虎口，城市即叢林。兩個小孩一次次地發動探索任務，在陌生的巷弄與轉角，為鳥獸草木重新命名。

「是不是迷路了？」偶爾會有好心人見我們四處瞻望而主動關心。

「才沒有！」我們同時搖頭。

漫遊不等於迷路，雖然任務中不乏凶險，但最終我們總能幸運地歷劫歸來。鄰居家長對於我們成天在外撒野的行為完全不能理解，但就像不同遊戲擁有不同貨幣，旁人看似虛擲的時光，於我們卻是珍貴寶藏。

在學校故事書裡讀過這樣的句子：「魔法是由人類的想像力構築而成。」如此說來，當時一定是我們魔力最強的時候吧，如同古代船隻夜航，水手伸出手指，在迷離夜空裡勾連星芒，每個孩子都應該擁有一根金手指，可以恣意地指鹿為馬。

直到某天手指被現實的紡錘扎了一下，童話於焉逆行，惶惶地從大夢裡醒來。

▲

小學畢業後，母親將我送到教會國中就讀。

「念私立是怕你學壞。」母親說。

母親的擔憂自有其道理，可是我失去的不只是變壞的可能。私校監獄似的嚴格瑣碎，校門口矗立的巨大十字架是一根巨大的封釘，徹底將想像的魔法釘在棺木裡。在皮鞭與糖果交錯之下，我和其它同學一樣，成了訓練有素的表演者，乖馴如羊群仰望牧者。

與此同時，弟弟結識一群新的朋友。他們帶弟弟走進雜貨店後方昏暗的小隔間，裡面是一個又一個光彩奪目、攝人魂魄的彩色盒子。像見證電玩史發展那樣，從 GameBoy 到大型街機，從索尼的 PlayStation 到 SEGA 土星再到 N64，弟弟在不同尺寸的方框裡來回跳躍，樂此不疲。

即使住在同一間房裡，我卻什麼都不知道，直到某次放學回家，母親面色凝重地問我有沒有從她皮夾拿錢。

我搖頭。

母親皮夾裡丟失好幾次鈔票，一開始以為只是記錯了，後來特地做了記號，才確定有家賊。

向來暴躁的父親回家後，立即在客廳升堂審訊，大聲咆哮，然而弟弟緊閉著嘴，什麼都不肯說。父親問不出所以然，就把弟弟拖到廚房，將他雙手摁在木砧板上，揚起厚重的剁刀，近乎失控地吼：

「用哪一隻手偷錢的！不說就兩隻都剁掉！」

弟弟的手指微顫，我渾身汗毛都豎了起來。對我們來說，清醒和酒醉的父親一樣，都是瘋的。我無法分辨那把剁刀是虛張聲勢，抑或是真的預備行刑。

僵持數秒，最後母親打破沉默，讓我把弟弟帶到房間裡。

「你跟他談，他比較聽你的話。」她說。

我們在房間裡談了許久，弟弟才吐露在電玩店裡被高年級勒索金錢的過程。我如實轉達，父母皆不相信，隔天母親帶著他到雜貨店門口等，當然，沒有任何勒索的人出現，弟弟的說詞沒能被證明。

▲

弟弟放學後不再流連電玩店，被禁足的他，只能從實體電玩轉戰網路。在他的邀約之下，我們在遊戲裡重新成為冒險夥伴，只是這次角色顛倒，換他帶我展開新世界的探索。

遊戲先從命名開始，接著是職業、性別、外型。在創角系統裡，基礎數值是隨機的，玩家只要點按畫面上的骰子，便會隨機產生力量、敏捷等數值。這些數字則在戰鬥攻防的計算公式裡有著巨大的影響，有趣的是，系統並無限制擲骰次數，也就是說，只要有鐵杵磨成針的耐性，任何玩家都有贏在起跑點的可能。

與費盡心神不斷重骰的我不同，創角時，弟弟只花了五分鐘便決定下來。

開始時他會帶我在新手村練功，只是沒多久，我發現我們彷彿在玩兩款不同的遊戲。精於算計的我，會列出練功地點，在筆記本上將各種怪物數值與掉寶機率製成表格，用大考解題式的思考模式，找出有限練功時間內的最高期望值；弟弟則是全然相反，他只隨興地在遊戲世界裡漫遊，穿著好看但等級不高的裝備，在前期村落與荒原裡打低等怪，有時甚至一整天也沒賺到多少經驗值，上線只是純粹為了和公會的朋友聊天打屁而已。

弟弟創角比我早得多，但我的等級很快就彎道超車。

我說我可以帶著他一起練，他不置可否。沒多久，他便選擇轉移陣地，跳到別的伺服器裡註冊。我問他理由，他只說朋友找他過去的。

我聽出那不是實話，至少不是全部的理由，但再追問，換來的也只是沉默。此後我們仍在同一個房間，登入同一款遊戲，只是戴上耳機後，進入卻是彼此不能相通的兩個世界。

等級接近封頂後，我才後知後覺地發現，線上遊戲裡的自由只是虛假幻覺。無止境的新地圖、新任務，期間限定的特典，要砸錢來換的特殊裝備……，玩家必須要選擇某個方向前進，而不能在街口漫遊，每一個岔口都必須選擇，耗費無數心神，最終仍只是追逐紅蘿蔔的驢子那樣，拉著磨原地打轉，看似無限寬廣的世界，其實也只是比現實更頑強的一座牢房。

把遊戲中的裝備都送人後，我只留下空帳號做紀念。那幾年家裡一團混亂，我的大學志願全部填在外縣市，放榜後立刻搬出房間，像船難時搶搭救生艇的自私乘客，把弟弟一個人留下來。弟弟當時還在市中心的職校上課，每日把身體裝在公車或捷運車廂裡，貨物一般的運送，回家就躲進房間裡上網打遊戲，從不間斷。

▲

後來的事我只能聽說。

弟弟大學沒考好，重考的那年，父親對他動輒打罵羞辱，信奉疼痛治療法的父母，總想著要下猛藥，用震撼教育把弟弟給矯正過來。弟弟幾乎失去溝通的能力，只把自己鎖在房間裡，白日足不出戶，房裡備有飲水、乾糧，以及尿盆。他只在夜裡無人時偷偷出來洗漱。

母親讓我回來看看他，「他比較聽你的話。」她說。

然而那只是母親一廂情願的錯覺，幾次假日回來，我在門外敲門，弟弟都沒回應，不知是睡太熟了，沒有聽見，又或是一開始我就弄錯頻道。

隔年他考上離家很遠的科大，遠走高飛，除了過年，再也不曾主動回家。家人傳給他的訊息像石頭落入沼澤，久久沒有回聲。我以為至少他已經離開閉鎖的房間，未來也就是這樣，全家人各自安生，互不相涉。直到弟弟的房東來電，索討他欠繳數月的房租，我們才得知弟弟被退學的消息。

我和母親搭了時間最近的一班火車趕下去，拿著房東的備用鑰匙開門，那一刻，像用剪刀剪開蟲蛹或蠶繭，那麼血肉模糊，那麼殘忍。

先是腐敗刺鼻的氣味湧入鼻腔，狹小的房間裡被垃圾塞滿，角落白色菌絲悄悄生長，地上傾倒的寶特瓶裝著黃褐色的液體。昏暗的空間裡，只有電腦螢幕還亮著。弟弟從未離開他的房間，他只是蝸牛一樣的背著殼，從盆地邊緣遷移到另一個遠方。

我常想，到底要回到哪一個分歧的路口，才來得及挽回？就像遊戲那樣換個伺服器，創一個角色，取名擲骰，一切重來。

▲

畢業後我被填入學校體制裡，努力扮演一名合格的社會人士。沒讀完大學的弟弟透過親戚介紹找到工作，進入盆地另一端的工廠，成為其中一具鍋爐，一個零件，認分地運轉、磨損，然後等待被替換。

他適應得並不好，總感覺自己跟不上進度，有時工作壓力過大，他的腦內開始嗡嗡作響，接著便暫時性地失聰。沒有聲音，像整個人掉進踩不到底的水池，其它人說話宛如金魚嘴巴開合，什麼都聽不見。

「主管說話的時候我什麼都聽不見。」他想了想，「好像耳朵有一串又一串的氣泡跑出來。」

主管並不相信。

醫院檢查後，他的聽力器官沒有問題，問題不在那裡。

那問題到底在哪裡呢？

弟弟是在上班路上車禍的，據他說，他是騎車中途忽然失去意識，醒來時就已經倒在地上。除了自己骨折住院，弟弟還撞傷一個老人，賠掉幾個月的薪水。他從來不是個幸運的人。

住院需要證件和換洗衣物，我拿了鑰匙，進入他的房間，像進入一座潛艇的高壓艙，深海無光，海床上只有腐敗的屍體。電腦螢幕亮著，時間沒有前進，裡面的角色砍殺著和十多年前一模一樣的怪物。

我好想問他，如果命運允許，他是否願意重擲幾次骰子？

天色漸暗，我和弟弟一起下樓買飯，他腋下有拐杖壓出的瘀痕。盆地有雨，我為他打傘，身體貼得極近，好像回到兒時最艱難的那次冒險。

那是強颱抵達的日子，在電視衛星雲圖上，全島都被封鎖在巨大氣旋裡。父母不知為何都不在家，我和餓著肚子的弟弟定下了一個冒險任務：帶上我們僅有的兩枚十元銅板，在狂風暴雨中，突圍到兩公里外的便利商店買關東煮。

我們說好一人買一支，然後用最大的紙碗裝滿熱湯。

馬路成河，沿途滿是斷枝殘葉，熟悉的店家招牌橫倒在地，空中飛舞著被狂風剝下來的鐵皮。家裡最堅固的兩隻折傘很快便在強風底下摧折，我和弟弟緊貼著彼此前進，再也沒有什麼能保護我們了，沒有。

冒險小隊渾身濕透，拖鞋裡有泥沙，雨水從衣褲和髮際流過，兩個小學生在這末世光景裡，仍執拗地突破封鎖，向遠方的便利商店堅定地前進。

風雨很大，幾乎聽不見彼此聲音，但那時我們緊緊攥著手心裡的硬幣，什麼都不害怕。

我們究竟是怎麼走到這裡的？我終究沒能問出口，弟弟也沒有回答。

又或者其實他早就說過了，只是我沒聽見。

評審評語——

以沉溺於電玩遊戲的一對兄弟，卻迴然不同的成長歷程，反思人類在面對抉擇時的脆弱和無可跨越的疏離感，讀來熱淚盈眶又不勝唏噓。此篇作品在決審作品中可謂取材最有時代性和新穎性，描述兄弟倆在成長過程中的真情互動，筆力深厚，活潑有趣，以哥哥的視角看待弟弟沉溺於電玩終至生活沉淪的命運，卻無力拉拔的絕望和挫敗，也同時說中了許多家庭中家人彼此溝通障礙，疏離冷漠的困境。結尾部分節制有力，不流於濫情，令人擊節讚賞。在眾多作品中脫穎而出，實至名歸。

——陳克華

獲獎感言——

「人生就是不斷的後悔」，這是卡通櫻桃小丸子裡的姊姊說過的台詞，我從國小記到現在。

然而後悔並不能減少我犯錯的腳步。也許正因為日常從事的工作與人有關，才明白人類某些本質是不會變的。寫作時特別能感覺到，肉身是美醜、愛憎並存的容器。只是清濁並不相混，像太極圖或鴛鴦鍋那樣，緊密相連卻也壁壘分明。

感謝全球華文文學星雲獎，感謝評審，讓這篇作品能被看見。最後感謝我的弟弟，從小打鬧這麼多年，一直沒能給你一個擁抱。

叁獎

人間佛教散文

第十四屆全球華文文學星雲獎

掃地僧「吱嘎」

阿逴

自由職業

學歷——

香港浸會大學碩士

經歷——

自二〇一五年起為四川省藏族地區一所寺院小學組織善款購買蔬菜，為當地居民捐贈物資，籌集資金給藏族人治病就醫，相關公益事業持續至今。

自二〇一九年碩士畢業以來開始從事寫作，目前為全職寫作狀態；居住在四川省甘孜州德格縣馬尼干戈鎮，一個藏族小鎮，以當地居民的生活及民生狀況為題材進行系列紀實散文寫作，同時創作小說作品。目前已有一本散文集的存量，以及兩部長篇小說，數部中短篇小說。

掃地僧「吱嘎」

寺廟學校裡有個男孩，去年新來的，還沒有出家就已穿上僧衣。他面容乾瘦，臉被晒得黝黑，才十幾歲，看起來已經一副老相。他是某天悄無聲息來到這裡的，跟其他前來學習念經的男孩們一樣，說來就來了。只是別人來，一般都是因為各種理由想做和尚，他卻有點不同。

有一天，我們坐在地上吃飯，新來的男孩從對面跟我對視一眼，其他人也都注意到了，包括教這些小和尚念經的老和尚。老和尚用藏語說了一段話，好像是要讓小孩們翻譯給我聽。我問身邊漢語最好的一個男孩，他們說的是什麼。男孩說，那個新來的，他爸媽都死了，他為此瘋了，精神不正常，就來當和尚了。他從很遠的地方來，家裡只剩下一個姊姊和姊姊的兩個孩子。男孩說，新來的叫「吱嘎」。這樣的藏語名字我沒聽過，我又問了幾遍，他發出的字音還是「吱嘎」。

「吱嘎」，就像一扇老掉的門打開或關上時，那一聲噪音，吱嘎。

身邊的男孩又說，是瓜子的子，口字旁一個甲字的呷，子呷。飯才吃完，小和尚們圍在我身邊，鬧哄哄地說著這個新來男生的身世，而那個身世悲慘的男孩，在人群外看著我笑，看不出來他知不知道大家正在說他。

吱嘎總是沉默寡言，也可能是不太會說話。他就那樣隱匿在小和尚當中，不會認字，不會念經，只是跟著孩子們一起吃飯睡覺。別人上課時，他就坐在旁邊，或者坐在外面院子裡，長久地發呆。那種發呆跟我們發呆不一樣，他目光清澈又簡單，像是失去了腦子，不會想事情的那種呆。有時我發現他會在外面一個冷颼颼的地方坐幾個小時，或者在太陽底下晒得失去了時間，好像那些時候他感覺不到身體的疲乏和精神的困倦。不發呆的時候，他就總是被別人叫去幹活兒：澆花，拿東西，幹得最多的是掃地。總之全是力氣活兒，他幹這些活兒的時候不會哀歎，也不說累到了。

我們學校基本上每隔十五天放一次假，從冬天的某次放假開始，吱嘎就沒有再來了，聽說是去了他姊姊家。那樣也好，至少姊姊家應該會有人關照他，那裡還有人燒牛糞，有火烤，不像我們這間冰冷的學校，在零下十幾二十度的冬天，既沒有燒火，也沒有取暖的設備。吱嘎只有那樣的智力，大概會因為不懂得照顧自己而被凍傷。

我以為吱嘎不會再來了。其實他來不來好像都不影響他的生活，不管在哪裡，他都是木呆呆地，別人讓他幹什麼他就幹什麼。而他自己除了一點點作為動物的本能需求，似乎就不再有更多想法。就連平時在學校吃飯，他也只是用掌心大小的玻璃碗裝上一點大米一點菜，吃下那一小碗，很少再添第二碗。我問小孩們，他那只碗會不會太小，他們說他怎麼都不願意換只碗。他就那樣每頓吃一碗飯，有時最多兩碗，這樣吃過了一個夏天，一個秋天和一個初期的冬天，然後消失了。

深冬季節的高原小鎮，凡是有水的地方都會結冰，因此我也短暫離開了這海拔四千米的高寒之地，回到家鄉。一直到新的春天到來時，我才又回到這間寺廟小學裡。

這時是三月分，回到學校的小和尚比之前少了十來個，聽說有些是去履行義務教學了，等到放暑假，或者半年一年後，他們還會再回來。男孩們從小出家是藏族地區一直以來的文化傳統，百姓認為每個家庭至少得有一個人出家做和尚，這既是走近他們的信仰，也是家庭的榮耀。大概在二〇一四年以後，九年義務制教育在藏地慢慢普及起來，這甚至成了官職人員的政治任務，因此寺院裡早早出家的小孩們總會不時被當地警員抓去念小學和初中。我們學校的小孩就常常經歷這樣的事情。

聽說，小孩們被人從寺院帶下山時會哭天搶地地掙扎，因為成為僧人是他們的心之所向。但現在官職人員的方式更多了些，不一定要來寺裡拿人，也可能是通過跟小孩們的家長談話，請家長去警局喝茶或接受教育。

那些消失未歸的小孩中，有一位就是吱嘎。但是吱嘎有什麼上學的必要呢？他看上去已經沒有了心智，似乎也學不來什麼東西。他來到寺院，並不是真的要成為一個僧人，或許只是想找一個能收留他的地方，只是想獲得信仰的庇佑。

在藏地的寺院裡，大概到處都收留了不少這樣的人，身體殘疾的，精神殘缺的，老邁多病的，鰥寡孤獨的。

我在這寺院小學裡教小孩們漢語，住得太久，常常在周圍散步，碰上了另一位失智的僧人。那個人大概四十來歲，比吱嘎的表情還要少，看起來更加呆呆傻傻的。不論什麼時候見到他，他總是在同一條小路上循環往復地走。他的樣子看上去既不像散步，也不像有事，他只是在走路。甚至颳風打雷，下雨下雪，小路上也總會有他的蹤跡。後來有人告訴我，他曾是這寺裡最聰慧的僧人，過去長時間地研究佛學奧義，鑽得太深，有一天忽然迷失了自己，變成瘋子，成了這寺院最呆的人，只知道在小路上反反覆覆地走。

等到四月下旬，學校的小孩們休假回來，這時吱嘎也來了。那幾天風雪大，氣溫突降，我陷入了重感冒中。為了不把病毒傳染給小孩，我每天都把飯拿回自己房間裡吃，沒注意到多來的幾個小和尚。某天清早，我在半夢半醒中聽見樓下有人掃地，便爬起來從窗戶往下看，那正是吱嘎。他穿著一身絳色僧衣，獨自站在鋪滿白雪的院子裡清掃，埋著頭，彎著腰，專注又孤獨。而別的小孩們都坐在教室裡大聲念經，背誦，準備探究佛法奧義。至於他，卻只會掃地，種花，洗碗，只能做一個身體力行的僧人。

後來的很多天裡，有時下雪，有時天晴，有時在清晨，有時在下午，當別的小孩們念誦時，他依然被安排去掃地。他掃院子，掃廚房，掃門外的路，掃他能清掃的所有地方。因為沒有了思想，他似乎只能也只是聽從指令，不會偷懶，不會走神，也不會讓心思跑掉，他只會把手眼心思放在掃把上，地面上，一點一點地掃清腳下的方寸天地，再把穢物收進它們該去的地方。

一天下午，天氣晴好，我將要出門辦事。臨走前，吱嘎掃地的聲音又從樓下浮上來。我背上包，揣了一把糖下去，走過小孩們念經的房間，來到坐在牆邊的吱嘎面前，把糖交給他。他抬起頭時，額頭上仰出幾排褶子，那些褶子讓他變得更老了，像經歷了風吹日晒後衰老下去的老人。

等我從山下回來，吱嘎又來到大門外，像是散步，又像是無所事事的樣子。這會兒地面已經變得一塵不染，也許是他的清掃工作剛剛完成。我從車上下來，走到學校門口的兩隻大桶邊，招來吱嘎，請他幫我把早先放在這裡接的融蝕後的雪水抬上樓去。吱嘎前來，一提桶，塑膠手柄就斷了。我又教他換種方式抬，才勉強抬起了水桶。我們艱難地把水桶挪進大門內，抬到樓梯邊，一步一步爬上樓梯。我們一邊走，水桶一邊蕩，一路上都在蕩出水來。那些跑出來的水濺濕了他的衣服、鞋子。他放下桶，並不在意打濕的地方，笑著笑著，摳摳腦袋就走了。他每次幫我搬東西都是這個樣子。

我們學校的飯菜都是小和尚們輪流去做的，吱嘎在的時候，老和尚也會派他去幫忙。他肯定是不會做飯的，只會按照別的小孩的指令行事：端水、削皮、掃地、倒垃圾。等到做好後，他會上樓來喊我吃飯。他悄聲走來，像平時來到我房間的麻雀、烏鴉，或者老和尚最近養的兔子一樣，悄無聲息地走進來，來到我的書桌前，抬起雙手，做出吃飯的動作，做完兩遍，就走了。等我下樓去廚房時，做飯的小孩問我說，吱嘎是怎麼喊你吃飯的？我說，就那樣啊，用手比劃。小孩嘿嘿笑起來，說，我教他那樣做的。而這時，吱嘎還在旁邊提著掃把和簸子東掃西掃，不關注外面的世界。那天我碗裡的飯菜被盛得格外地多，吃完，我問小和尚們到底是誰給我盛了那麼一大碗飯，是不是想我胖。吱嘎站在門口，也不知道他聽沒聽懂我說的漢語，嘿嘿地笑了，比劃一陣，說是他盛的。看起來，那像是我平時給他糖果後的回應。

後來的一天，我坐在書桌前接電話，兩個小孩呼哧哧跑來，說，吱嘎那個傻子病了，發燒了。我跟他們說，你們先去，我馬上說完電話就拿藥下去。等我下去時，吱嘎和老和尚，以及另一個小孩坐在院子裡的地上，老和尚和小孩各自抱著自己的經書，只有吱嘎是沒有書的，他就背靠花壇坐著，一如既往地發呆，無所事事，見我來了，他就笑笑，不說話，不慌張，也沒有受到病痛侵擾的模樣，好像病痛並沒有發生在他身上。

往後的日子裡，每逢遇見，我都悄悄注意他。他不挑菜，別人認為好吃的東西，他不會多吃，別人覺得不好吃的東西，他不會少吃。我從沒見過他跟人說話，別人開他的玩笑，他也不會有反應，不會羞愧，不會憤怒。好幾個早上，他都一個人在院子外面掃地，見我準備開車走了，他會淡淡地看我幾眼，又繼續掃。

吱嘎在學校裡掃地，從春天掃到了冬天。

初冬季節，我去鄰居和尚家串門兒，喝茶的時候，鄰居說，寺裡有個人忽然圓寂了，就是那個瘋和尚。他說，這個人已經很多年沒去過寺院的大殿，圓寂前一天，他去大殿裡磕了很久的頭，回到家裡躺在床上，在睡夢中離開了人世。他能如此準確地知道自己離開的時間，他對時間的感知大概跟我們不一樣。他真的瘋了嗎？

吱嘎從某次放假後就沒再回來了，大概在寺院裡跟在他姊姊家差不多吧。大概像他們那樣的人，已經在無意中消除了地方跟地方的分別，人和人的分別，於是有意無意地，在他們日夜掃地時，就已經掃清了心頭的塵埃，在他們往返走路時，就已經走向了彼岸。

評審評語——

文章刻劃一位匿身小和尚間的小僧雖沉默寡言，卻勤奮認真，他來去無定，身不由己的任憑擺布，似乎只指望得一安身之處，無怨無尤，但求身體力行。

作者用這位稚齡小僧對照附近一位有著神奇傳說的四十餘歲失智漫行的僧人。據傳這位失智者因鑽研佛學奧義而迷失，取二人對照彷彿在叩問智與愚的分界，彰顯大智若愚？抑或指陳智或不智，其實殊途同歸？作者保持一定距離，以旁觀角色行文，彷彿身懷隱形版掃描機，掃描掃地僧吱嘎的動靜：沉默發呆、無意識地晒太陽、專注掃地、一路蕩出水來地抬雪水上樓、倒垃圾……作者帶著讀者時而平視、時而俯瞰，鏡照多方，不但人物刻劃靈動，且場景的畫面感十足。筆調簡淨清雅，謙虛不做定論，文章神似茫茫大雪中的一點紅梅。

——廖玉蕙

獲獎感言——

首先想感謝主辦方能舉行如此有大義的文學活動，讓佛學的智慧和能量可以通過文字抵達更多人心。文學關注人如何發展，關注人類走過什麼路徑，將去往何方。從事文學，需要心懷公義。而佛的智慧，將「利他」的種子種進我的心裡，讓我有力量面對發生的一切，並利用手中的筆去嘗試發出一點公義的光亮。希望能夠持續寫作，持續用文字傳播這份力量，也希望這個世界有更多光亮。

佳作

第十四屆全球華文文學星雲獎
人間佛教散文

灰澹的繽紛的，生或死

張耀仁
國立屏東大學科學傳播學系副教授

學歷——

國立政治大學新聞學系博士

經歷——

二〇一一年獲林榮三文學獎短篇小說佳作
二〇一七年獲臺北文學獎短篇小說優等獎
二〇二三年獲後山文學獎短篇小說第二名

灰澹的繽紛的，生或死

灰澹，血腥，軟呢。

灰澹的是毛絮，血腥的是內臟，至於軟呢——女友正以溫柔的語調說：「對不起，對不起，來晚了。」——已經死透的小型犬，以一種極為突兀的方式張開嘴，像笑，又像尖叫，想必撞擊極為猛烈，否則眼珠不會掉出來。

「好好去汪星奔跑喔。」女友邊叮囑，邊將狗屍裝入塑膠袋，並逐一撿拾散落的什麼——黏膩，稠糊，柔腴得不像是身體的一部分，約莫是輪胎反覆輾壓使然，以致原本的模樣愈發扁平。

事實上，牠們的面貌本就模糊難辨，如果不是女友喊著停下來，想必和多數的車主一樣，我肯定錯過了那些具體而真實的存在：有時是安詳入睡似的五官，有時是睜大了眼的不甘，更多是血肉模糊的驚悚——那些或命喪國道、省道，或死於小巷、產業道路的貓狗、鳥禽，泰半曝露於烈日與風雨之中，直至成為柏油路的一個印記，或者可有可無的塵埃。

塵埃乃至體液混合的氣味翻湧過來，車內頓時充盈著揮之不去的餳澀與腥野。最初，當女友冷不防喊停時，還以為她無理取鬧，畢竟車速極快的道路，突如其來的停車豈不意味著事故的開端？更何況一塊布有什麼可撿？未料，走近時才發現原來是一隻狗——身體還未僵硬，大概才死沒多久吧，微露的舌頭依舊粉紅。

終究是第一次面對死亡被帶進車內，我不由得皺眉。有味道啊，深怕不潔沾染了坐墊，更怕氣息揮之不去——死亡是駭人的，所以尖銳；死亡是沉悶的，所以鈍重；死亡更是悲傷的，所以忍不住震顫——即使隔著綁得嚴實的塑膠袋，依舊感知到有什麼溢散出來，令人好不自在。

「放心吧，我處理過很多次了。」女友靜靜的說：「袋子很乾淨，沒什麼好怕的。」

可是——

「你不是常常在提生命教育？」女友直直看著我：「牠們也該被關懷啊！」

可是——

女友嘆口氣：「為什麼忍心讓牠們一而再、再而三被撞呢？」

彷若心靈雞湯的這段對話，卻是女友多年來救援毛孩子的真實體會——起於一場細雨中，突然對到眼的人與貓的偶遇，「真的嚇一跳！」女友說，那是大年初一的傍晚，住家後院矮灌木叢裡，冷不防冒出一雙眼瞳，「乍看還以為是老鼠啊！」

女友說，那一刻雨絲像科幻電影裡經常出現的那種畫面，沿著光暈細細往上流，而小貓喵喵朝她跑來。

久別重逢的悸動啊！女友說，她抱起因為黑白分明而被暱稱為「賓士貓」的對方，望見漫天金黃燦爛，是雨，也是光，又像是希望，從此沉入貓的世界，直到狗出現——說起狗的現身，這又是另一個故事了，女友笑笑的：同樣是寒流的傍晚，機車腳踏墊上赫然出現一團「紅色的物體」，近看是穿了衣服的一隻小狗，「很小很小喔，二週左右吧？」女友說，原以為是惡作劇，為了避免侵占嫌疑而送至派出所。警員大概很少遇到這樣的情況吧，不知所措拿出捆貨用的紅色繩子繫住狗，深怕一個不留神，「失物」真的不存在了。那幾天，女友就這樣帶著罐頭到派出所餵食，最終，成為她第一隻，也是最後一隻的寵物狗。

「這個家你守護了十六年，我會把你放在心裡一輩子的。」喚作阿邁的那條狗近日不幸離世了，女友這麼輕輕撫摸著牠，說：「謝謝。謝謝。」

大底是這樣的，飼養毛孩子的人總有許多話想說，況且有貓又有狗的女友——

與其說是回憶，更接近向我說明：為什麼開啟救援與送行貓狗的行動？

「其實不只貓狗啊！我還救過螃蟹，還有鴿子欸。」女友邊打電話給寵物禮儀社，邊講起從前的經歷，那些經歷彷若幻造的戲劇，比方螃蟹是因為莫拉克颱風淹大水，載沉載浮出現在客廳，「看牠那麼堅強的抓住家具，想說給牠一個活下來的機會吧。」女友幫螃蟹取名為「火旺」，希望牠活力十足，豈料，第二天就被不知情的父親給吃了。至於鴿子，興許庭院裡吃了有毒的植物，雙翅不斷抽搐。康復後，循著腳環打電話給鴿社，對方一聽直說：「那沒效囉，」男人沙啞道：「就當作垃圾，隨便妳怎麼處置好啦。」女友說到這裡，聲音低低的，不敢置信活蹦亂跳的「一鴿」，居然就這麼輕易被放棄了……

似乎生命有多不堪，女友的救援經驗就有多荒誕。為什麼要這麼拚命救援毛孩子呢？我困惑著，看著那些或流血、或紅腫、或結痂的照片，難以置信眼前秀麗的女友，曾一度被跳蚤咬得雙腳破皮，也曾一度因為免疫力下降而引發「貓抓熱」病症，導致腋下淋巴腫大。「因為愛屋及烏啊！」女友說，看到和家裡同樣黑白的貓躲在菜市場角落，怯怯吃著丟棄的魚鰓，「為什麼一樣的花色，卻有不一樣的命運呢？」於是女友開始投入救援：曾經走進廢棄的工廠，也曾經目睹汽車底盤蜷縮的小貓，更有遭到凌虐而必須截肢的米克斯……「這些其實都稀鬆平常啊！」女友說，真正複雜的是人與人的互動，尤其救援貓狗需要金錢、獸醫等，往往必須集眾人之力才能達成，「因此有心人就利用別人的善意，動一些有的沒的歪腦筋。」提到不義的經驗，女友再次提起吸毒的那個貓友，假藉愛貓名義，向她也向其他人索要許多錢，說法不外乎遭遇車禍無法工作，或者爸媽罹癌需要照護，而手邊的病貓又需要補充營養品等——最終，暴斃於那個洞穴般的房間，而貓都瘦成了皮包骨。

「那個男的，還曾經跟蹤我啊！」女友餘悸猶存。

另外一次，則是佯裝愛貓的中年男子，假意領養浪貓，實則帶回去天天凌虐，甚至鬧上了新聞。「那大概是救援以來最難過的一次。」女友顫聲道，原本一番好意，卻是將全然信任自己的純真生命，送進了暗黑深淵，光這麼想著，眼淚流了好幾個夜晚。許是如此，女友開始留心遭到路殺的貓狗——更準確的說，是各式物種吧——「我還曾經埋過老鼠……」女友說老鼠遭到前面機車撞擊，吐血、翻滾，被她撿起時，顯然沒了氣息。但就在行將掩埋的現場，已死的老鼠冷不防「嘰」的一聲，像呼喊，又像耗盡最後力氣的「道謝」，女友說：「感謝我將牠撿起來吧。」

為什麼要呢？我不解，老鼠不是有害動物嗎？

「已死的物種，能造成什麼危害嗎？」女友說：「況且，誰不希望出生就是善類、益蟲？」

「我只是捨不得牠再次被撞、被壓得扁扁的。」女友嘆口氣。

也正是死亡這麼令人憂畏，所以女友的作為愈發顯得勇敢。

「我？我一點都不勇敢，我只是不忍心……」女友陷入沉思。

比起灰敗暗澹的死亡，更多人偏愛繽紛的活著吧。於是形成了救援生命，卻無視於生命將盡或已盡，任憑一輛又一輛疾行的汽機車，從那些早就失去光澤的屍體輾壓而過——從初始的蓬鬆與尖拔、圓目與低狺、弓背與呼嚕，再至毫無預期的撞擊、碎裂、流血，最後所有的體液、生氣全數被吸納至柏油路、至大地——直到下一隻生靈再次發生意外，再次因為強光投射而兀自顯露紅眼的驚愕，並迎來再也無從復返的永劫。

「我沒數過自己救了多少隻貓狗，也沒紀錄……」女友淡淡道：「當然，也沒數過那些送行的貓狗。」

妳也該留心安全啊！上次那個吸毒的貓友差點害了妳啊！我叮嚀著。

「我不做，誰做呢？」女友悶悶的，肯定憂心著幾天前才在郊區帶回的那隻三色貓吧——在兇惡的狗群攻擊下，背上、四肢盡是赤紅的傷口——一度肝指數上升至臨界點，似乎撐不過夜色降臨，沒想到被喚作「善福」的這隻貓，竟奇蹟似的開始進食。又或者趕到送行現場時，才不過幾天大的那隻小黑貓，顫抖的依偎在已然斷氣的母貓身旁，兩隻眼睛半睜半閉的喵叫，彷彿聲聲呼喚著母親……

「妳可以告訴別人該怎麼做，讓大家一起來幫忙啊！」我輕輕牽起女友的手這麼說。

可是——

「想想看，妳為了救援與送行貓狗，有多久沒靜下來看看自己了？」我聽見四周蟲豸的摩娑。

可是——

「妳不覺得累嗎？」我說，生之價值與死之尊嚴是兩個很大的課題喔，不是一直催促別人救援就是愛，也不是大聲疾呼路殺送行才是善，關鍵是我們從中體察了什麼？那些為了獲取同情而營造可憐形象的「愛媽」、「愛爸」，他們心中真的有毛孩嗎？那些偏執而欠缺彈性，稍有違逆己意就酸言酸語的救援者，他們對於毛孩的愛是寬容或者狹隘？毛孩之所以帶給世間那麼多快樂、純真、無憂，不正是因為他們的樂天、包容乃至別無所求？

妳呢——我們，索求什麼？

那當下，女友遲遲沒有回話，她的模樣好似那些灰澹、模糊的貓狗，一時半刻眼神無法好好聚焦的——我打量著她的手臂與腿脛，它們曾經皮開肉綻，留下或深或淺的傷疤；它們也曾經鮮血直流，使人感到或大或小的驚心——它們一下子分開，一下子聚合，像是注視了太多赤紅而帶來的殘影幻覺，我試著閉上眼，用手感受，未嘗觸及任何疤痕的，也沒有任何凹凸，它們平滑無比，它們也自然不已，唯獨無名指上的戒環相互磕絆著，發出細微的金屬與金屬的清脆。

那是我們在歷經那麼多生與死之後，彼此立下的承諾——那也是我終於明白，那一年那一刻，女友——未婚妻在住家後院與賓士貓相遇的當下，恰是父母親在一個月內，接連離世的悲傷時分——換言之，女友愛貓的同時，也愛著一個重新奮起的契機、一次治癒心靈的歷程吧，一如當時的她站在庭院裡，多麼渴望被安慰、被擁抱，乃至被包容。

「啊！」車子行進間，女友驚呼著——是灰澹、血腥、軟呢，或者蓬亮、呵氣、口水味？一時間我還沒分清楚——一時間，明白女友已經逐漸放下執念，不再被情緒勒索，也不再被道德綁架，而是發乎溫柔與愛、關注與凝視——

凝視毛孩的碎片，也關注自我的欠缺，逐一撿拾那些不完美、重新修補，並試著找回純真的初心，與曾經那樣柔軟的內裡。

評審評語——

作者以充滿血腥、驚悚的筆，摹寫女友對動物的救援與送行。乍看之下，屍體碎片、血腥處處，描寫太過煽情，讀者對女友幾近病態的救援行動，不免觸目心驚，甚至引發閱讀的不悅。但行文至結尾處，揭曉拯救行動原來始自一個月內父母相繼離世的悲傷時刻，讀者這才恍然大悟：女友是化悲傷為重新奮起的契機，這些救援與送行是一連串止痛療傷的歷程，也是女友對愛與擁抱的渴望。

文章中，女友的悲憫之心，固然令人佩服；男人筆下流露的心疼與耐心配合，多方窮究、開導的體貼更是令人動容。套句評委何寄澎教授之言，作者是「以充滿血腥、驚悚的筆，寫最柔軟、最溫暖的心。不斷讓讀者在慌恐畫面中得到光、得到悟。」

——廖玉蕙

獲獎感言——

這篇作品要獻給摯愛阿如，如果不是她的溫暖與善良，橫躺於街的毛孩想必難以入文，更難入我心。在內心行將石化的春日，踩在木地板迎向徐徐晚風，窗外火車隆隆奔向無以名狀的暗黑底，那遠方低喃的幼獸抑或蟲豸的摩娑，忽而夾雜青一道白一道的閃電，像試探，也像試煉，而我們了然於心。

禪雨之後的清芬，天剛泛白的清晨，我們出發，並且看見——下次如果也在路上看見動也不動的毛孩，請伸手保有牠們最終的尊嚴。保有，作為人的尊嚴。

佳作

第十四屆全球華文文學星雲獎

人間佛教散文

不著花

李詩云
自由業

學歷——
崇德學院

經歷——
半生荒唐，一生漂泊，十年前忝得若干文學獎項虛名

不著花

「諸佛世尊皆出人間，非由天而得也。」

——《增壹阿含經．等見品》

如果我阿公自私一點的話……

有兩三棟房產的你父母對我做身家調查，問我家有多少恆產。我回答了——

「家無恆產」，引來輕蔑的眼光，你父親高聲調地提起自家富了幾代。

我只淡然以對。

沒有對你父母說出口的，是關於我阿公這一房的家族史，從擁有田產與黃金地段的店鋪，到子嗣不得不離開祖地四處漂泊，看似敗破，卻讓身為阿公家唯一僅剩的後人我，甘願接受如此家道中落的家族史。

你我無緣未來偕手到老，畢竟婚姻不是個人的事，沒有父母的祝福，你勢必將活在為難中，或我可能在委屈中求全。然而人生短短，來世一遭不會只是為了兒女情長。雖然我如此「豁達」的看待感情，但我還是想告訴你，就單單告訴你，關於我阿公這一房的家無恆產。

我不知道「長兄」這兩個字，在一般人的定義是如何，我只知道阿公一生，沒有愧對這兩個字。縱使僅僅只活了三十七歲的短命一生。

雖然我出生於彰化，但從小就知道大甲才是祖地。我的祖先世居大甲，阿公是地主的長子，下面還有一個年紀相差十歲的弟弟。我的曾祖父母在阿公十二歲時從苑裡買來了童養媳，也就是我阿嬤的幾年後，就雙雙因一場意外而亡。那時阿公的弟弟僅十歲。

從此年輕阿公和阿嬤就擔負起養育年幼弟弟和守住家業的責任，如父如母。

「家業」是多少呢？從小的記憶中，阿嬤是絕口不提的，而根據我阿母的說法，在大甲鬧區，有透天店面和與苑裡交界幸福里的祖田。

你的眼神透露著驚訝，或者該說是不可置信。

別驚訝，從小就不斷搬家的我，初聽到曾有的家業規模時，也是如你一樣的眼神。直到讀國小時有一年的清明節，隨阿嬤回大甲掃祖墳，借宿在叔公，也就是我阿公的唯一弟弟家時，才知道原來大人們說的過往都是真的。

叔公的家，其實曾經也是阿公的家。

那是連棟店鋪兼住家的三層樓半建築，往右連兩棟租給別人開店面，轉角處最值錢的那棟是叔公一家自住，一樓賣著傳統藺草製品，樓上是住家。叔公早已去世，只剩嬸婆和兒子自營生意兼收租。雖然說生意後來不如全盛時期，但還有兩棟店面可收租，因此生活仍算是富足的。

這樣的富足對比阿公這一房顛沛流離，甚至一度淪為無宅無房的低收戶，是落差的。這樣的落差，讓你更不可置信吧？尤其是我提到的——「叔公的家，其實曾經也是阿公的家。」

別揣測是不是我阿公阿嬤或子女敗掉了家業。「敗」字是用在好吃懶做或輕率理財不當，如果用在我阿公這一房身上，那麼就是冤了。

你也是長子，同樣有弟弟。假設你已娶妻生子，而弟弟卻還年幼，面臨父母雙亡留下偌大遺產——你會怎麼處理呢？

阿公，在日治時代讀過多年私塾和公學校，算是有學問的人，平常就在義塾免費授課，而家計收入就靠祖產收租。那時已經有店鋪租人了，原是兩層磚樓，而現在的三層半水泥樓是後來叔公將寬闊地坪改建成三棟店面的。

幸福里的那片祖田，就是有一部分種藺草，收成後編織成草帽、涼蓆等。從日治時期，草帽就為臺灣賺進大把外匯，在中部海線的地區雖說還不致於稱上家家都做草帽，可如果有機會穿梭時空回到過去的通霄、苑裡、大甲、清水這些地區街巷晃晃，定很容易看到婦女們聚集在自家門口前辛勤編織著藺草。

成長在臺北的你戴過草帽嗎？別以為草帽是土氣。在早年，臺北出入永樂町江山樓的那些士紳名流、文人雅士，人人頂著西式草帽，很時尚的。而遠在幾百里之外的海線偏鄉，一樣處處可見百姓頭頂草帽或遮陽，或為儀容的一部分。

阿嬤說阿公喜歡戴著草帽騎腳踏車，穿梭在大甲的大街小巷去義塾授課。

阿公是個道地書生，小時候看阿公的遺像時，我就是這麼覺得。而阿嬤雖不精明，但能吃苦耐勞的女者。雖然有祖田、店鋪可以收租，操辦家務外，還會種菜養雞養鴨，閒暇時跟其他婦女一樣坐在門口編藺草。

阿公因為只有一個年幼的弟弟，所以一直希望能多添人丁，因此阿嬤陸續生了八個小孩，兩男六女，食指浩繁。雖然阿嬤不識字，可天性樂觀積極，和阿公是一靜一動的互補。文弱的阿公，在勞力活上，如果沒有阿嬤的幫襯，無法撐起家。

你家堅信門當戶對，可我阿公始終沒有看低童養媳出身的阿嬤，兩人鶼鰈情深。他們的價值觀是相同的，從對待親弟弟——我的叔公得到印證。

阿公在教完義塾回家時，仍會撥出時間啟蒙弟弟的學識。據阿嬤的回憶。母雞生了雞蛋，阿公的子女是切半再切半分吃，弟弟卻是獨享一整顆；家裡如果有殺雞，雞腿定留一隻是放在這個年幼弟弟的碗裡。

「恁阿公認為從小也是父母這樣捨好料給自己，所以也應該這樣對待阮小叔。」阿嬤曾這麼說過。

你會這樣對待自己的弟弟嗎？

或者，我該問——你會怎麼看待關於「免錢」？

記得我曾提議你或許可以試著一季、半年或者一年都好，至少安排時間去偏遠地區義診做社會回饋嗎？猶記你回應——妳太不切實際。

你認為去偏遠地區行醫是在讀醫學院時才可能會有的想法，但真正開業後，有哪幾個醫生還會持續這樣的志願。我不知道當年阿公堅持去義塾當免錢的漢學先生時，是不是也曾換來旁人回應這一句？

彼時臺灣民間生活條件，除了有錢人還能供應子女上學，一般老百姓讓小孩讀書意願並不高，延遲去國民學校入學，或輕易中輟者比比皆是。但阿公堅持提升知識學問才能增加窮困者脫貧的機率，也認為自己因家境支持而有幸能識字求學問，就應該有義務幫助艱困人家的孩子也能得知識。因此他就教義塾，而且還機動性配合別人的農忙時間、讓因此而中輟耽擱課業的孩子能獲得補救。

免收束脩。

阿嬷說如果收錢的話，阿公擔心就沒有學生願意來了。那個年代，活下去吃得飽，比識字還重要。

「不切實際」的阿公，卻始終想要讓天下所有人如自己一樣識字，就如我希望天下抱恙之人，不分富貴貧賤皆能得認真於醫術的你所治，即便你父母早已購置了都市蛋黃區的店面，等兒子學成開業。

阿公的不切實際，還在於「分家」上。

原本曾祖父母意外去世後，叔公當時年紀還很小，因此家產由已經成家，長兄如父的阿公管理。叔公在十八歲那年娶了媳婦，聘金彩禮一切是阿公操辦。新婚不到一年，叔公夫妻以將有子嗣為理由，要求分家。

阿公答應了，找來宗族大老做家產分配見證：現金均分，幸福里的祖田歸阿公這一房擁有，而大甲鬧區的住家兼店舖，歸阿公的弟弟。

這是阿公的意思。

你有沒覺得阿公是傻子？誰都知道郊區的農地價值怎麼可能比得上黃金地段

的店鋪值錢？

更何況，那時因戰後國際市場景氣蕭條，大甲草帽深受影響而外銷訂單大幅衰退，藺草需求不再如以前，轉稻作也收成不豐，佃農早已紛紛要求降租。可阿公就毫不猶豫地將更有價值的店鋪給了自己的親弟弟。

唯一理由——他認為弟弟從小體質孱弱，不堪粗活，因此給其可以做買賣或收租的店鋪最適合。阿公，只想到如何讓唯一的親弟弟不用吃苦，卻沒有想過自己也是文人身，又能承擔多粗重的活呢？

海線之鄉邊陲地區的田地收成，能填飽八個孩子嗎？連佃農拖欠的租金，阿公都不擅催收。

我阿母說過於樂觀的阿公只想到身為長兄的責任，卻沒有料到不多久之後，政府實施的「耕者有其田」、「三七五減租」讓田地面積大幅減少重創收入，甚至到只能阿公和阿嬤自己來耕作，書生拿鋤頭。

那還教義塾，免束脩嗎？

阿嬤總叨念著阿公說哪有義塾在收錢的——伊就是毋願收錢。阿公沒有對田地因政府的政策而減少抱怨過什麼，甚至認為讓佃農有脫貧機會也是好的，他想自己如果能吃苦儉用，還是可以將孩子們拉拔大。

阿公沒有想過的——還有自己的早逝。狂犬病奪走了阿公的生命，三十七歲的他，留下的除了一門孤寡，還是一門孤寡。

從小我就知道阿嬤對犬隻是恐懼的，她時常談起阿公過世前的景象。分家後的阿公還繼續教義塾，以及捲起袖子去農田和阿嬤一起幹活，試圖能多一些收穫。當時神經病毒的狂犬病已經入侵臺灣，但民眾和政府對狂犬病是束手無策的。有天阿公從義塾返家，說自己被路邊的狗咬傷腳踝，當時尚不引以為意，還能作息如常。

數天後出現發燒頭痛，然後就開始情緒躁動，不願喝水，口水外流像狗一樣，最後昏迷，死的時候面目猙獰身體抽搐痙攣。

那是最痛苦的死亡之一。

你有沒有覺得好人不一定有好報？

我思考過這個嚴肅又無解的問題與意義。阿公一生利他善心，怎麼會換來如此不得善終？甚至身後妻小顛沛流離。

年輕就守寡的阿嬤，獨力扶養八個孩子。只是早前較肥沃的田地已經被政府重新分配給佃農了，剩下的土質不佳，又缺乏強健男丁可協力，且無公婆可以幫忙看顧照料一群孩子。苦撐一段時間，小孩中有生重病，花了不少醫藥費，田地抵押和變賣仍然不幸早夭。

最後，舉家搬離大甲，開始漂泊的後半生。

「妳阿公的弟弟呢？沒有幫忙自己哥哥這一房嗎？」你問。

「一人一家代，公媽隨人拜」。這句話，是當年叔公的老婆對守寡的大嫂在舉家離開大甲之時的「臨別贈言」。直到多年以後，這位精明幹練與強勢，不同於阿嬤的弟媳才主動找尋長兄阿公這一房的下落。

那是在叔公被自己精神異常的親兒子放火燒死之後。

據說嬸婆求神問卜得到某間神壇的乩童指示——說應該要把葬在鐵砧山的阿公遷骸葬入家族墓塔，並且與叔公合併超度，那便是我第一次隨阿嬤回大甲時。乩童說是阿公在生氣弟弟和弟媳沒有照顧從小拉拔大他們的長兄這一房，所以叔公他們家才會雖然豐衣足食卻也不得安寧。

也就那麼唯一一次，此後阿嬤並沒有再回去掃墓。依舊只是在阿公的忌日時於屋內祭拜，以及早晚在公媽牌位前點香。

你相信乩童說的嗎？

我是說什麼也不相信。阿公如果會是在意要人回報的話，又豈會堅持不收束脩？

「妳阿公如果知道會早死，以後自己這一房會四處流浪，而自己的弟弟並沒有伸出援手——那還會在分家時，把更有價值的店鋪分給別人嗎？會教書不收錢嗎？」

我……不是我阿公，無法代替他回答。

只是我想起了維摩居士。

你聽過佛教人物中，有位沒有出家卻一輩子行善濟貧、布施僧侶……富而不吝的維摩居士嗎？

如果他並不是家財萬貫，是否還會如此大公無私呢？

他在方丈室內和一群菩薩、大弟子談論佛法，天女突然出現向這些智慧者大散花。花飄落到已然通透佛法，根本不在乎有沒有沾著花的眾菩薩，花就自然再落於地上。但落到抱怨天女不該如此放肆的大弟子們時，花就神奇的沾著在這些人身上，怎麼拍都拍不掉。

經典裡沒有告訴世人，維摩居士的衣服那時有沒有也沾著天女所散的花，但我想是有的，可也隨即花落地，否則他就不會成為經典人物被記錄了下來。

倘若這花也撒向阿公呢？撒向那個生活都出現拮据不如前了，還堅持不收束脩，在乎沒有窮人家孩子肯來識字的阿公呢？

阿公，應該只會開心地看那漫天的花香。

阿嬤一家在離開大甲後，一直四處漂泊於異鄉。阿公這一房命運乖舛，如今唯一的後人，是從母姓，承擔阿公這一房血脈的我。我口中的阿公和阿嬤，就是俗稱的外公和外婆。

我不知道「不切實際」算不算是基因，告訴你這些一般人眼中並不輝煌的「家無恆產」，應該是不具建設性。

阿公，如果是個在乎富貴與貧困的人，如果當年自私一點的話，那麼可能我現在會如你一樣，就有一出生可繼承的房產讓自己比別人少奮鬥數十年，或者至少就不會看到你父母睥睨的眼神……

可是，卻也不會讓我相信——

「諸佛皆出人間，終不在天上成佛。」

評審評語——

以一女子（作者）的口吻，因著男友父母詢問有無恆產之故，細細述說她「阿公」這一房從祖產豐多到「家無恆產」、「四處漂泊」的故事。

做為阿公家僅餘的後人，作者甘願接受這家道中落的家族史，行文之中，作者的語氣是嚴肅的，甚且隱約帶有絲絲不平、絲絲怨尤——但這是「人情」之「常」——而這種不平語氣似乎又是對男友父母那一類「勢利」者的反諷，何況這正好襯托阿公對其所念所行，恆視為理所當然，並無絲毫自矜自傲的美德。

文中借用《維摩詰經．觀眾生品》中「天女散花」的佛經故事隱喻阿公相當於花不著身的菩薩，此一著墨甚好，但認定維摩居士與眾弟子相同是沾花的——就不免誤讀、誤解了佛經；設若不然，則便是行文欠妥的問題；總之，此一瑕疵減損了本文的精采，作者宜以為惕。

——何寄澎

獲獎感言——

去年春，上山弔唁星雲大師圓寂，帶著小女兒畢業典禮時受頒的星雲獎，淚流滿面跪地叩謝他創辦平價又能住校的均頭國中小，讓獨力養家的我可以將孩子得以託付與啟蒙。

今年秋，忝得全球華文文學星雲獎，再度上山含淚叩謝。感謝星雲大師創辦文學獎，讓塵滿面的我知道原來自己還能再寫出感動人的文字，以及能將免束脩教義塾的阿公，堅持教育能脫貧、利他的「傻」化成鉛字，留在文學裡。

感謝諸天、評審青睞，感謝我沒有放棄自己的天賦。

佳作

第十四屆
全球華文文學星雲獎
人間佛教散文

玉佛的哭泣

沈志敏
自由職業者

學歷——
上海市普陀區業餘大學

經歷——

二〇〇〇年，中篇小說〈變色湖〉獲中國文聯「盤房杯世界華文小說優秀獎」。

二〇〇七年，第一部長篇小說《動感寶藏》（上海人民出版社）獲得臺灣僑聯華文著述獎小說類第一名。

二〇一一年，散文〈街對面的小屋〉獲首屆全球華文文學星雲獎人間佛教散文佳作獎。

玉佛的哭泣

一

我的老家嵊縣自古歸紹興府，卻是個山多田少的窮地方。紹興出讀書人和師爺。嵊縣卻出了兩類女人，唱越劇和做娘姨的。老叔小名阿慶，當然是個男的，我就叫他阿慶叔。

上個世紀四〇年代初，他才十四歲，從一個窮山村裡出發，跟隨鄉親去上海找活路。月光黯淡，一群人下山，剛走上大路，前面手電筒光大亮，一隊東洋兵攔在前面。那時候日本軍隊已經占領了大半個中國。

在人群後面的民生拉著阿慶鑽進路邊的蘆葦叢中。民生比阿慶大三歲，也比阿慶機智活絡。直到蟋蟀大叫，他倆才鑽出蘆葦叢。東洋兵和鄉民都沒有了蹤影。

民生對阿慶說：「我倆沒有被抓去，是菩薩保佑。」事因天黑前，大家走到村口，他倆還要踏進破廟拜幾下菩薩，村人在廟外催他倆快走。「臨時抱佛腳」。阿慶抹著眼淚說。

後來才知道，這群山裡人因為還沒有領到日本人發放的所謂「良民證」，都被拉去修碉堡挖壕溝，做苦力一年多才被釋放。

路途艱辛，幾百哩路，民生和阿慶走到嘉興，拿出幾塊銅板購買車票，坐棚屋列車到達上海。

阿慶因為識得幾個字，終於在戈登路、康腦脫路（後來這兩條路改名為江寧路、長壽路）拐彎處的一家小書店裡「學生意」，三年學徒，沒工資，包吃住。晚上打樣，上好門板，阿慶就睡在櫃台下面。

清晨起來，阿慶第一件事並不是打開門板，而是在後門外生爐子，點燃柴火，燃紅煤球。隔壁照相店學生意的小毛也拎著爐子出來，兩個煤球爐子煙霧彌漫，啪啪打著扇子，你一句我一句，「在戈登路、安遠路有一個你從來沒有看見過的大廟」。小毛驕傲地告訴阿慶。

第一次阿慶跟著小毛去觀看，站在高大莊嚴的玉佛寺廟門前，咧開嘴巴瞪大眼睛。後來，他自己也去過幾次，帶著事先準備好的幾支香，每去一次後，他臉上似乎會添幾分紅光。

安遠路那邊有不少日本人居住的小洋房，有一個日本浪人死在一條陰水溝裡。有人說是軍統地下分子所幹，有人說是杜月笙手下人幹的，也有人說是日本浪人喝酒醉倒摔死在溝裡，活該。日本憲兵到處搜查，亂抓中國人。阿慶心裡真是急死了，每晚在櫃台下為那些被抓的中國人祈禱。他在玉佛寺裡有一個獨特的感受，同是釋迦牟尼佛，樓上那尊躺著的玉佛好像比大雄寶殿的大佛像更接近人間煙火，「此時此地，玉佛大概更有法力」，這是他的胡思亂想。於是他就把每晚的祈禱詞改成「玉佛保佑！」

幾個月後查不出真相，日本憲兵只能放人，被放者都受過皮肉拷打。

當時蘇州河那邊還有許多農田，集貿市場上的米價也便宜。阿慶被老板叫去買米。沿著戈登路走到過河的造幣廠橋，大木橋上有一個東洋兵的崗亭，經過那兒的人必須給東洋兵鞠躬敬禮。東洋兵瞧見誰不順眼，就借口檢查用刺刀扎破那人的米袋，黃糙米流一地。阿慶每次購米回來走過橋時，嘴裡都在念「玉佛保佑」，腿腳哆嗦。幸好他一次也沒有被扎破米袋。小毛說他長相清秀，不礙眼。他心裡感謝菩薩。

二

阿慶走到橋南，經常望一眼那個製造錢幣的工廠。他終於徒弟出師，領到兩塊銀元的工資。那個時候，東洋兵已被趕出中國。大上海應該安定了吧？不然。

康定路口的巡捕房裡抓人的紅色囚車進進出出，被稱為飛行堡壘。蘇州河沿岸有富強麵粉廠、申新紡織廠等許多工廠，常有工人鬧罷工。阿慶聽小毛說，紡織廠裡有一個紅衣女工鬧得最凶，她是共產黨藏在工會裡的書記。後來罷工受到當局鎮壓，紅衣女工被押進紅色囚車，是吃官司還是吃了子彈都沒有下文。

飛行堡壘一天到晚在戈登路上飛馳，發出恐怖的尖叫。阿慶就想，玉佛寺樓上的玉佛肯定能聽到尖叫，一天天一年年，佛眼也一定看到了這混亂不堪的世道。於是阿慶天天晚上為那些被抓的工人祈禱，當然也包括那位紅衣女工，這是阿慶第一次知道的離開不遠的共產黨人。

一九四九年天翻地覆後，政權易幟，天下該太平了吧？

開始阿慶也是這樣認為的。他因為識一些字，又看過幾本書，還在書店裡練寫毛筆字，幫人代寫書信。於是乎，阿慶被江寧區的共青團組織看上，被認為有文化的進步青年。讓他去寫黑板報，他的黑板報從江寧路沿著蘇州河寫到工廠區，宣傳新社會新氣象。不久，阿慶被聘用到區委會下的一個部門工作，他不再拿書店老板的幾塊銀元了，改領人民幣工資，成了政府公務員。

那個時候，玉佛寺的香火冷清了，新社會說廟宇都是封建迷信。阿慶不這麼認為，但心裡卻惶惶不安，有組織的人再也不敢去燒香拜佛。

天意難料，組織上安排阿慶的兩條腿又一次跨進玉佛寺，他成了三反工作組人員。「三反運動」開始了，廟宇內偌大的空間能為革命運動所用。所謂「三反」，就是反貪汙、反浪費、反官僚主義，是針對革命組織內部。

於是廟堂內，整天都是審訊者和被查人員的大呼小叫：「你到底貪汙了幾次？」

「沒有，沒有，我思想動搖，也就拿了一次錢，慚愧慚愧。」

「據革命群眾揭發，你至少拿了八次錢。拆拿（滬語罵人），還不老實，給我跪下！」

當然不是給菩薩下跪，而是給黨和組織跪下。

廟堂裡每天被帶來一批一批的三反分子，當天審訊不完，就被隔離到各個小屋裡。半夜，各間小屋裡不斷傳出各種夢囈胡話哀嘆哭泣。十幾個和尚都被趕到偏房去，他們只能細聲念經。審訊人員睡在大堂裡，身下一層厚稻草，身上一層薄棉被，也算是艱苦樸素。這一切都在菩薩默默的眼光下面。

阿慶是主審員邊上的記錄員，那天被送來的審查對象竟然是民生。當年他倆逃脫東洋兵的電筒光，一起來上海，以後各奔東西。民生比他進步快，已經入了黨做了小官，在一家大廠裡開展革命工作，瘦臉變得肥頭大耳朵。區委接到舉報，有人揭發民生從老板那裡拿了不少錢，替老板偷稅漏稅開方便之門。這不也被送到廟裡，誰也逃不過組織的法眼。

主審員對民生吆五喝六，民生百般抵賴，雖然廟裡還沒有施行嚴刑拷打，但是罰站罰跪是每個受審者必過的程序，最重的就是刮鼻子。主審員讓阿慶上去刮民生的鼻子，阿慶到了民生的臉前，卻下不了手。民生輕聲說：「你多刮我幾下鼻子，少寫幾筆。」

民生的鼻子被刮紅了，阿慶給他偷偷漏寫了幾筆。阿慶想好了，會說自己筆頭太慢。阿慶又看見民生趁主審員去廁所之時，轉過身子，對著菩薩連連跪拜。看來這個黨員內心深處還是認為拜菩薩靠譜，跪拜組織沒用。

這一夜阿慶睡在菩薩腳下，感覺渾身不自在，夢裡寺廟怎麼會變成康定路上的老巡捕房，自己也被抓了進去，半夜嚇出了一身冷汗。不久，佛教協會向上反映到政府高層，「怎麼可以把上海著名的玉佛寺搞成提籃橋監獄？」這話太刺耳，工作組從廟裡撤出來。

三反發展到五反，革命大拳砸到私營工商業者頭上。上海灘上，資本家惶惶不可終日，每天都有老板從高樓上往下跳，死了幾百個。市長就問：「今天又有多少空降兵？」一連那個小書店老板也匆匆關店逃去鄉下。不知不覺中，阿慶又在夜裡為那些倒霉的老板們祈禱「阿彌陀佛！」

後來再後來，一場場紅色運動不斷，直至登峰造極。

三

一九六六年，老人家毛主席穿上軍裝，北京天安門城樓上大手一揮，青年少年都吃上了文化大革命的興奮劑，一夜之間都變成小將。人到中年的阿慶叔卻天天關注著離家門不遠的玉佛寺。

一個「反到底」（其意為反對封資修，封建主義、資本主義、修正主義，一反到底）的紅衛兵組織戰鬥隊都由十五六歲的中學生組成，二三十人佩戴著紅袖章，有的頭戴軍帽，有的穿著不知從哪兒弄來的舊軍裝，這群紅色的楞頭青大呼小叫蜂擁而至。玉佛寺裡的和尚也天天看報，對當前的形勢早有所聞，一天到晚都把廟門關得死死的。

紅衛兵小將敲門不開，又拿來棍棒砸門，無奈那廟門太厚，小小棍棒敲擊，猶如蚊子給大象抓癢癢。有人提議爬窗。爬上去一看，高高的窗戶裡面釘得像一堵牆，爬上爬下更不方便。小將突發奇想，古代打仗，許多人抱著一根大木頭能撞開城門。不過這根大木頭，恐怕找遍上海灘也難以找到。有人就說：烏魯木齊路上的梧桐樹最粗，砍下一棵。但幾里地如何拖到安遠路上來？

「拆那娘著逼（滬語下流話），拿你家菜刀，就能砍大樹？」紅衛兵小頭頭發颻，表示今天沒戲了，大家只能鳴金收兵。

不過小將還是小將，第二天，大樹沒有砍來，卻捧來一堆樹枝散葉，放在牆根下，說要點燃熊熊革命烈火把這座封建大廟燒掉。剛起煙，附近的居民就提著水桶趕來，澆滅點點火星，質問道：「這邊大廟燒起來，燒到隔壁居民住房，誰負責？」阿慶叔更是怒火中燒：「小赤佬，你們是紅衛兵鬧革命，還是日本鬼子燒房子？」

這一問，小將傻眼了，紅衛兵的任務是保衛偉大領袖毛主席，是打倒廟裡的封建菩薩，怎麼自己就成日本鬼子了？有人提議去弄幾包炸藥，把圍牆炸開。這玩意兒不好弄，誰也沒有玩過，第二次鳴金收兵。

第三天繼續革命，有兩位小將扛來了家裡爬閣樓的梯子，可是兩架梯子綁在一起不及半牆高。古代攻城用的叫雲梯，上海灘上哪裡去找雲梯？小頭頭眼珠子一轉，有了。他帶領戰鬥隊來到附近的救火會，說借你們救火車一用，車上的梯子豎起來可做雲梯，肯定能爬上玉佛寺的高牆。這是我們紅衛兵給你們消防隊員送來參加文化大革命的大好機會。

紅衛兵要燒玉佛寺的傳聞早已傳開。消防隊裡仍有規章制度，隊長回答：「我們是救火隊，不是戰鬥隊。只能救火，不能放火。」

小頭頭也聽出話裡有話，就說：「今天不點火，就是爬牆進去，砸爛封資修。」

隊長斬釘截鐵地說：「上級有規定，救火車只能在救火時用，任何時候不能駛出去做為它用。」

「什麼它用？這是為革命所用，為戰勝封建菩薩而用。你們到底支持不支持我們反到底戰鬥兵團？」小頭頭要和救火隊長展開革命大辯論。

隊長說：「假如救火車在為你們翻牆砸菩薩，恰好你家裡著火了怎麼辦？」

小頭頭瞪著白眼無語，第三次鳴金收兵。

「反到底」畢竟是反到底，小頭頭終於想出奇招，說是從一部電影《雲霧山中》裡學來的，解放軍打土匪，用一個鐵爪爬上懸崖峭壁。小頭頭連夜讓人製作了一個五指鐵爪，繫上繩子，他伸手練到下半夜。

第四天，呼啦一下，不偏不移，鐵爪飛上高牆，眾小將為頭頭喝采。誰能爬上去呢？小頭頭當仁不讓，他嘴裡還念叨著，「為有犧牲多壯志，敢叫日月換新天。血可流，腿可斷，也要攻下這個頑固的封建堡壘。」

他爬至大半牆高，那鐵爪抓著幾片碎瓦一鬆動就掉下來，摔在地上的小頭頭痛得哇哇叫。送進醫院，恰好摔斷一條腿。

後來有人說，這是和尚爬在牆內，把鐵爪弄鬆了扔出來，也有人戲言說是菩薩的報復。阿慶叔說：「玉佛寺圍牆繞一圈這麼大，裡面的和尚也要爬到這麼高，還要恰好和外面的人爬在一條線上，不可能。怪菩薩就更沒有道理，錯在小赤佬把佛寺當土匪山洞，鐵爪翻牆，『腿可斷』云云，自咒自果，這叫因果報應。」

我認為阿慶叔分析得在理。阿慶叔又說，廟裡有和尚傳話出來，那些日子看到玉佛的臉上有眼淚流出，菩薩慈悲。

文革大潮退去，社會恢復正常，玉佛寺的香火卻越燒越旺。

四

一晃半個多世紀過去。和當初阿慶叔自帶香燭踏進玉佛寺拜佛的行情大不一樣。玉佛寺門票二十元。觀摩玉佛，請一瓶香油祈福六十元，過年香火券一百元。廟內還開設餐飲和各種香火禮品買賣，當然這都是小錢，香客的捐款才是大錢。不過如今各家廟堂，財源滾滾，並非誑語。因為廟樓要大修，兩尊玉佛現屈居後院的一排殿堂裡，殿堂的壁牆上還掛放著一大排鏡框，其中都是近年來政府大員拜訪這裡的照片題詞等，由此身價水漲船高。

那天朋友請我去功德林吃素餐，來了一輛錚亮的奔馳車。司機是朋友的朋友，他不是車主，說老板今天不用車，出外快，我讓朋友享用一下。飯桌上品嘗著素什錦，司機神祕兮兮地透露道，他的老板是玉佛寺的「大神」。他還告訴我們，有一次送老板去河南參加一個佛教大會，進入寺院的豪車數不勝數，猶如奔馳、寶馬、奧迪大展銷，還來了兩輛勞斯萊斯，最誇張的是一輛法拉利跑車，下車的大神後面還跟著一位花枝招展的女祕書。聽後大家哈哈一笑。

司機說的大神到底是誰？當然不可能是菩薩，是廟裡的法師方丈還是某位行政幹部或書記？有的廟裡據說已評出科級法師，處級方丈。如今不少廟裡除了和尚，還有其他工作人員，又設黨支部。平時念阿彌陀佛，七月一日唱紅歌頌黨恩，「我把黨來比母親，」一感恩黨給佛教事業帶來的發展。

我又去看望阿慶叔，說起世道見聞，他頗感不滿地說，「走邪了，走邪了。佛在人間是普度眾生，不是賺錢發財。以前聽說過玉佛流淚，現在廟堂雖然財源滾滾而來，人世間邪風也隨之吹來，亂象叢生，玉佛觀之，不知該笑還是該哭？」

他又提出兩個觀點：「一、佛來人間數千年，那時候也沒有這個黨那個黨的，一朝朝的皇帝老子都翹辮子了（滬語指死），佛教仍在天下人間。二、佛教在世界各國建廟修寺，講佛傳道。各國黨政不同，政見時有變化，何來佛感黨恩一說？謬哉，當年文革小將火燒廟宇，又算誰家恩賜？」

我笑道：「阿慶叔已經進入講佛理的高層次。」

阿慶叔現已九十八歲高齡，快成百歲人瑞，說話仍然中氣十足，頭腦清醒，往事歷歷在目，每天在家燒香拜佛。

評審評語——

非常有趣的一篇作品。主角阿慶從二十世紀四〇年代，到如今二十一世紀二〇年代，超過八十年的時間，歷經各黨各朝的更迭，不變的是，戈登路、安遠路上那座大廟裡的玉佛始終無恙，看盡世間一切人、事。

文中的阿慶代表中國社會裡最常見的小人物，無論自身有難或他人有劫，永遠是見佛拜佛、祈求菩薩保佑——這不是迷信，這是眾生真誠、卑微祈求平安的心。文中最酣暢淋漓、耐品耐尋味的有二處：一是描寫文革中小紅衛兵高舉反封建迷信的大旗要燒毀玉佛寺，最後摔斷腿的第三小節；另一則是末尾寫玉佛寺香火鼎盛，七月一日唱紅歌頌黨恩，「感恩黨給佛教事業帶來的發展」，行文之間充滿強烈的嘲諷。

綜觀全文，不談佛法、不頌佛道，只輕描淡寫幾句：「這一切都在菩薩默默的眼光下面」，「那些日子看到玉佛的臉上有眼淚流出」，「佛在人間是普度眾生，不是賺錢發財」，便盡得佛義真諦。一個原本可能莊肅沉重的主題，卻以諧趣橫生的方式表出，筆力確實不凡。

——何寄澎

獲獎感言——

佛教起源於印度，遍布東南亞，緬甸的玉佛千里迢迢來到上海灘上，坐躺在玉佛寺中，百年來，玉佛見證了這個大都市的風起雲湧，喜怒哀樂。以前我工作的單位離這所寺廟百步之遙。後來，我出國去了澳大利亞。澳洲遠離臺灣萬里，做為一名海外華人，能夠三次獲得全球華文文學星雲獎，彷彿看到了其中的一線緣脈。

佳作

第十四屆
全球華文文學星雲獎
人間佛教散文

頂樓之鴿

劉虛壹
貝勒工作室

學歷——

國立中山大學中國文學系博士學位候選人

經歷——

二〇二二年獲吳濁流文學獎短篇小說組佳作
二〇二三年獲苗栗縣夢花文學獎短篇小說優選
二〇二四年獲桃城文學獎短篇小說第三名

頂樓之鴿

今天上午十點多的時候，大哥下樓說，頂樓神明廳外面的陽台上，停了一隻鴿子。

家是透天厝，頂樓的陽台經常會有鳥禽不請自來，不只鴿子，別的像是斑鳩、燕子、八哥、麻雀，甚至你叫不出名字的鳥類都來過，是以我也覺得見怪不怪。

「牠的腳上有橡皮環，可見是一隻賽鴿喔。」大哥又說。

「嗯，這樣喔。」我不怎麼感興趣地應付道。

於是，大哥停止了這個話題，躲進他四樓的房間。

而到了中午，我在午睡前，走上去頂樓，想去向觀世音菩薩和祖先牌位請安。焚香前，我打開了紗門，準備先朝外拜天公，卻看到陽台的鐵欄杆上，真的有一隻鴿子停在上面，一動也不動，宛若雕像。

大哥沒有騙我，頂樓真的有一隻鴿子。

以往，在我拉開紗門的那一刻，來訪的鳥禽會因驚嚇，「噗噗噗」的振翅飛走，就此無影無蹤；但今天這隻停在鐵欄杆上的鴿子，卻只是看了我一眼，就轉過了頭，定定地往遠方望去，似在眺望，又似在沉思，完全不在意我在一旁馨香禱告。

這反倒引起了我的注意，插香進爐後，我瞥了這隻鴿子一眼，牠右腳上的橡皮環立刻映入我的眼簾，「93433」，牠的確是一隻賽鴿。

於是我細細地打量這隻鴿子，牠確實身形頗壯，與我之前看過的其他家鴿或野鴿相比，這隻鴿子較為魁梧，足見先前是有被人仔細照料過的，若比之人類，可謂是身長九尺的壯漢；而那綠紫相間的脖子與一整身灰色的羽毛，沒有摻雜任何一根突兀的異色雜毛，在陽光的照耀下，挺直身子的牠顯得無比柔順且美麗；且那黑色的雙眼炯炯有神，兩顆鼻瘤潔白無瑕，宛如寶石，端的是一隻相貌堂堂，威風凜凜的上乘好鴿。

顯而易見，這隻鴿子此番的前來，只是暫時休憩，等一會兒牠就會再度展翅高飛，像運動員重新回到賽場上那樣，繼續勇往直前。

尋思至此，我轉身入屋，向觀世音菩薩與先祖請安後，逕自下樓去，不再去打擾這位嬌客的養精蓄銳。

但到了下午兩點半，已經睡了一個午覺的我，再度上樓，準備把紗門關上，卻看到大哥正站在那裡，出神地往外望。

陽台的鐵欄杆上，依舊有一隻鴿子停在上面，一動也不動，宛若雕像。「是同一隻耶。」大哥朝鴿子的腳一指，說。

我走過去，仔細一看，「93433」，看來大哥有記牠腳環上的號碼。

難道這一隻鴿子竟然就這樣停在這裡四個小時多嗎？我微感吃驚，此際，正午的陽光，照著這個陽台，好熱好熱，氣溫肯定有三十五、六度了，你望著鐵欄杆，暗忖這金屬物此刻只怕已超過四十度了吧，但這隻鴿子卻紋風不動，兩隻鳥爪不知是感覺不到熱，還是耐得住燙，仍舊緊緊抓住鐵欄杆。

「咕—咕咕——」大哥開始對鴿子叫。

這隻鴿子卻驀地「啪啦啪啦」，張開翅膀，箭一般地急急往天空遠飛而去。

很快的，我就把這隻鴿子拋諸腦後了。下午五點多，大哥依舊縮在他的房間裡沒有出來過，而我要出門去慢跑前，再度上樓向觀世音菩薩和祖先牌位請安，這才又想起了那一隻鴿子。

那隻鴿子沒有再回來。

下樓時，我敲了敲大哥四樓的房門。

「哥，我要去慢跑喔，你要不要一起去？」我問。

大哥沒有回應我。

我只好自己去。

但當我跑完步，慢慢走回家時，我卻在家裡附近的彩券行，看到大哥正在裡面劃投注單。

我悄悄走進去，站在他背後，看到他拿了很多張投注單，大樂透，五三九，三星，四星，只是他所選擇的數字，都跟「93433」有關，那隻鴿子腳上橡皮環的號碼。

「爛賭鬼。」我啐了一聲。

大哥嚇了一跳，轉頭看是我，道：「最後一次了。」

「你上次也這麼講。」我不信地「哼」了一聲。

大哥不語，接下來他就沒理我了，逕自去櫃檯下注，然後逕自轉身離開，走出彩券行，回家。

我就這樣跟在他身後回家。

一整路，我望著他的背，兄弟兩人就這樣子一前一後地默默走著。

回家後，我喝水，大哥直接上了樓，我聽到四樓房門沉重關上的聲音，腦子裡不禁回想起剛才我所望著的，大哥的背脊。

我已經很久沒有這樣子跟在大哥的身後，看他的背脊了。

上一次這樣子看，好像是國中的時候。

我在國中時遭遇了霸凌。班上有一個小團體，等我有留意到的時候，我已經被他們給盯上了，雖然到畢業前，我始終沒搞清楚到底是因為什麼原因得罪了他們，但事實就是，我在那時已變成了一隻落單的小動物，經常被他們在明處與暗處，用言語，用忽視，用破壞物品，以及用肢體給欺侮。

有我名字的考卷永遠是皺的，但很奇妙的是，收回卷子的老師們，竟從未召我過去詢問。我的東西時常會不見，最後出現在廁所、垃圾桶或是放掃具的櫥櫃裡，而在我慌忙去找去撿時，他們那些人會開心地大笑，或者竊竊私語，各自摀嘴偷笑。體育課時，我會被莫名推擠；而放學後，我有時會發現，我的腳踏車會莫名「落鏈」。

終於有一天，回家後，我把自己關在房間裡哭。父親逝世得早，母親幾乎每天都工作到很晚才會回家，家裡只有正在念高職的大哥，他每天都會買兩個便當，卻見我那天遲遲沒有下樓去吃，於是上樓，推門而入，問我怎麼了。

我一五一十地說了。

隔天，在全班中午吃飯時，大哥突然出現在我們學校。他竟然翹了課，翻牆衝進我的教室。

包括我在內，在所有人都呆愣住，還沒有反應過來之際，他眼光掃射過全班，接著問我：「是哪一個？還是哪幾個？」

我伸手，直接指了指那個小團體裡的頭頭，接著，大哥忽然像一頭發狂的猛虎，衝了上去，把那人從座位揪下來，揮拳就打。

所有人尖叫了起來，包括女班導。然後，大哥一邊毆打那個人，一邊把他往後拖，最後在眾目睽睽之下，把他塞進放掃具的櫥櫃裡。

被訓導主任與幾名男老師帶走前，他大聲對著全班厲聲吼道：「你們有誰敢再欺負我弟弟，我就給他好看！出去外面大家相遇得到！」

那一次，大哥被母親拿藤條痛打了一頓，並在樓上的觀世音菩薩面前跪了一個小時。而我則自發性地跪在他的背後，母親和他叫我下樓，但我不要，堅持陪著他跪，因為那一天，我覺得，大哥的背影好高好大，他才是拯救我脫離苦海的觀世音。

而且，從那一天之後，我在班上從落單的小動物，變成了有老虎可以倚靠，但也沒有欺負過人的狐狸。

大哥的背影就這樣子一直在我面前，我覺得好安心，這是一道牆，我躲在它底下，可以遮風避雨。而且大哥很厲害，私立科大畢業後，迅速服完役的他，竟然成功應徵進一間全球知名的科技大廠，去了新竹工作。親友聽了都稱讚說那是一間好公司，我也引以為傲，就算在我出了社會後，大哥的背影也是一直引導著我往前走的路標。

直到一年前，他被任職了二十一年的科技大廠給裁員之後，一切都變了調。

中年失業真的是一件很恐怖的事。大哥退掉了新竹的租屋處，回到老家，神情如同戰敗的士兵，閒賦在家一段時間後，他說他投了很多履歷，可是要麼石沉大海，要麼就是有去面試，然後收到無聲卡。

又過了一段時間，我再也沒看到他有出門面試的樣子，反而把自己關在四樓房間裡的時間越來越長了。

我幾度上樓去，想要和他聊聊，但他似乎沒有這個意思，總是用敷衍的話語應付我。大多時間，他寧可選擇獨自縮在房間裡，沉靜在一個人的世界中。

我不知道怎麼辦才好，也許他不願意在一直把他當倚靠的弟弟面前示弱吧。有時會想起已去世的母親，若母親還活著，也許他可以跟媽媽聊天，不會像這樣自我封閉。

而有一次半夜，我起來上廁所，卻聽到樓上有聲音，我躡手躡腳上樓，但四樓的房間門是打開的，我站在樓梯間，聽到大哥在觀世音菩薩前面，低聲地哭。

我沒有再繼續走上去，我察覺到我竟也無法接受看到大哥的軟弱。

而那一面牆的倒塌，是在那一個上午，法院寄了單子來，檢察官要他去偵查庭時，我氣急敗壞地上樓，質問大哥這是怎麼回事，他支支吾吾且說詞反覆地回答了老半天，我這才知道，他被投資詐騙了將近五百萬元。

另外，他自己在對話時露了餡，另外說出了自己簽賭職棒，又輸了兩百萬元。同時，在他房間裡，看到了一大堆彩券行的紅色袋子，他每天都固定投注一、兩千元，但從沒中過。

職是，他的存款幾乎要見底了。

那一天，我簡直要瘋了。在四樓房間的門口，我大聲地罵著他，什麼難聽的話我通通罵了出來，而大哥則像是一個知道自己做錯事的孩子，低著頭，垂著手，聽訓般地任我數落。

最後，在我罵到沒有話語可罵時，他用很低很低的聲音，開口，向我借錢，他需要周轉。

在那之後，他陸陸續續跟我借了好幾次錢，每次理由都不一樣，但最後被我發現，他全都是拿去賭地上與地下之後，我大發雷霆，對他破口大罵，罵他騙子，罵他爛賭鬼，叫他去死，發誓再也不會借他錢。

於是漸漸的，我們兩人，講話就像隔著一道寬且陌生的海洋。甚至很長一段時間，我們兄弟倆同住在這一個屋簷下，卻幾乎不說話，或是偶爾說一、兩句不著邊際的話。我倆變得無法好好交談超過五分鐘。

有一次，我坐在客廳裡，他從外頭買了便當回來，一聲不響地走上樓，我看到，大哥的背影跟我印象中的高大已經不一樣了，他變得很矮很小，頹然走路的姿態越看越像一個怪異且無法溝通的外星人。

我看著他的背脊，心底不由得一陣茫然，那座牆不見了，路標也不見了，大哥變成永遠縮在四樓房間裡的怪物。

「咕——咕——」

洗完澡，我在浴室的門口，帶起手錶，晚上八點十三分。此時，我聽到樓上傳來大哥學鴿子叫的聲音。

我循聲爬上樓，看到在神明廳前的陽台裡，大哥正背對著我面朝外，繼續學著鴿子叫。

我湊近看，驚訝地看到，那隻鴿子又回來了。

「93433」，同一隻鴿子停在早上牠也站過的那一個位置，茫然地看著眼前已進入晚上的世界。

大哥已發現了我站在身邊，但他沒跟我說話，只逕自對鴿子叫道：「咕——咕——」

而我也發現，地上擺著一小碗水，一小碗五穀雜糧米，看來是大哥弄上來的。

「來吃，來吃。」大哥說。

鴿子轉過頭，看了大哥一眼，一段時間後，牠飛下來，開始吃喝。

「牠不怕我了耶。」大哥開心地轉頭對我笑道，臉上的表情像是孩子一樣。

「牠是賽鴿，人養大的，當然不會怕人。」我說。

「咕—咕——」大哥繼續對鴿子叫道。

「彩券有中嗎？」我忽然問。

「當然是一張也沒中啊。」

「證明這隻鴿子不是來報名牌的啊。」

「我想也是。」

「所以不要再簽了啦。」

「好好好。」大哥聳聳肩。

就在這時，「啪啪啪啪」，鴿子又飛回到了欄杆上，茫然地望著黑夜降臨的大地。

「牠肯定是迷途了。」我說。

大哥卻忽然對鴿子道：「兄弟，休息夠了，你再飛吧。」

這次，鴿子竟轉過身子，「咕—咕——」地也對大哥叫了兩聲。

大哥很開心，彷彿鴿子要與他對話似的，於是他也對鴿子「咕—咕——」地叫了幾聲。

「鴿子晚上不會飛的啦。」我說，同時無意識地看了一下手錶，晚上八點十九分。

這段時間以來的第一次，我與大哥交談超過了五分鐘。

「你晚餐想吃什麼？」我一面問大哥，一面轉過頭，卻看到神桌上，觀世音菩薩正對我微微地笑。

評審評語——

以一隻迷失賽鴿在家中屋頂神祕出現，帶出文本中哥哥戲劇跌宕的一生，和兄弟之間冰凍關係瓦解的契機。本文以近小說的筆法，以天外飛來一隻帶有腳環的鴿子穿引情節，並一路製造懸念，文中描述哥哥由人生勝利組跌入簽賭人生的轉折似乎過於簡化，時間跨度過長，減損了文字的說服力。結尾巧妙地避開了濫情的俗套，未將鴿子的出現神化或誇大，而化約為只是生活當中一小段日常的插曲，不但提升了文學的高度，也暗示了命運救贖的可能。

——陳克華

獲獎感言——

人生是不一定的。

許多我們一直覺得理所當然會永遠持續的人事物，其實都是一直在變動。尤其是人生的際遇，很多美好的憧憬與想像，以及看似平穩的道路，往往轉眼瞬間就戛然而止，會翻轉，會變成人想不到的未來現實。

職是，除了掌握那些還若有似無的小確幸之外，或許寬心接受現況的轉變，才是最好的人生前進方式吧。

為我的這一篇得獎的散文內容，喜悅地微笑。

佳作

第十四屆全球華文文學星雲獎

人間佛教散文

雪山調

呂政達
自由作家

學歷——
輔仁大學心理學系博士生

經歷——
二〇〇八年獲林榮三文學獎散文組首獎
二〇一六年獲臺北文學獎散文組首獎
二〇〇二年獲梁實秋文學獎散文組優等獎

雪山調

還是正午，日頭卻散漾冷冷光圈，這座城市，四處飄起青白煙霧，有如來到一場夢，等待我們。

長街後連接彎曲的巷弄，青石瓦綿延緊靠，難於看出曾有繁華的過往。一個朝代似乎才剛駕著馬車離去，轉身吆喝的是另一個朝代的馬蹄。我們魚貫走進幽暗不見天日的巷子，在迷宮般的房舍間彎身而過，屋內多雙眼神打量這群陌生客，腰身再彎下去的，就是時間本身。

一路帶領我們來到這座古城的老師，熟門熟路走在前頭。老居士站在門口，跟我們打招呼，長達千里的旅程，在黃土間的奔騰，終於見到老居士。他戴著厚重的眼鏡，過白的臉龐顯然絕少晒太陽，手臂已布滿皺紋，緩慢地跟老師說著話。見面的當下我心裡卻想，原來我所熟習的佛經譯本，就出自一雙平淡無奇的老人的手。

老居士屋內陳設異常簡單，一個古舊的茶壺配幾只茶杯，給每個人倒一杯冷茶。陽光長年照射不進來，卻就在這裡，一個人耗盡他的歲月翻譯經典，給千里外的求道者帶來無盡光亮。黑暗室內的靈光閃耀，一行行的經文從我的記憶出發，每個字都讓我感動，此刻羅列在狹窄的斗室。

「大師，」我這樣稱呼他，「能不能讓我們參觀你的書房。」老居士呼呼淺笑，「我哪裡來的書房？」他就坐在床沿靠著一張小桌寫字，床上堆疊經書和參考書，空白的稿紙上尚未寫上任何字句。房內飛舞霉味和灰塵，但我想起閱讀經典時的悸動，那時多次望著封面上的譯者名字，好奇這個名字的身世。這時我彷彿看見一隻蝴蝶，停在斗室深處。

想起我初時參加道場的讀經班，跟著老師一起讀經，我常常在禪堂後方的森林行走，蝴蝶飛在寶塔龍船花叢間，那朵花真的就像一座紅色寶塔，菩薩傳下的話語化成文字，仰望蔚藍天空，我細細參詳經句，每個字異常清楚，在身口意間發光。

在一本出版於八〇年代的經書裡，老居士以譯者的身分寫序，提到這本書翻譯於文革間，他躲在不見天日的屋內，外頭的長街傳來遊行的聲浪，老居士寫到，他日日夜夜投入翻譯，彷彿菩薩在疏微的光線間跟他說話：「你要一心不亂，攝念見性。」一夢裡菩薩含笑看他，醒來，繼續譯經，日日夜夜的牽掛。

文革，對我，是一個多麼遙遠的歷史上的事情，因為老居士的記事，後來我時常想像有一個人坐在經文的輕舟內，跨越過時代的波濤，航向清靜的彼岸，彼岸的土地上開滿曼陀羅花。再多的想像則來自電影情節。

我從背包拿出經書，由於多年的翻讀，那本書的封面已經皺褶，紙頁邊緣皆已起毛。看到書，老居士笑著說：「喔，很久沒有見到這本書了，你喜歡嗎？」我說：「這本書一直在幫助我，尤其一個人感到孤獨懷疑的時候。」老居士回答，好像他是在為這部經書作註解：「信心是你的直觀，無染的覺性。」我想起經文內的句子：「自解覺性的解脫。」但解脫究竟是什麼呢？還來不及細思，老居士似乎察覺我的疑惑，拿出鋼筆，問了我的名字，在扉頁寫著「依囑咐簽名」，想了想，他題上：「解脫之道。」

天氣轉冷，我們全圍著老居士講話。有人問：「西部這裡都這麼冷嗎？」老居士打開話匣子，說：「這個時節桃花開著，還沒到最冷的時候哪。」更冷的時候，他凍紅了鼻子，呼出的霧氣罩住眼鏡，鋼筆也凍到無法寫字，必須時時放在坑上解凍，才有辦法繼續書寫。那些字，是用冰刻出來的。我的心內，浮現一個老人皓首窮經的圖像。

再往西行，是老居士高原的故鄉，他說：「冬天，比這裡還冷上許多。」他還記得跟爸爸在冰凍的土地上行走，走進每個洞穴，找尋苦行者遺留下的文字或經典。「在我的家鄉，千年以來，始終有苦行者終生住在洞穴，禮佛、敬拜、持咒和冥修。」苦行者離世後，後世的朝拜者在洞穴口留下記號，指引更多的修行人前來朝拜。在寒天凍地的西方，千年就只是一念。千年前的日頭和月亮，照常的輪迴。有時候，會在洞穴內尋找到大成就者將一世的苦修和覺悟寫成文字，但年代久遠，就像是神祕的符碼，等待後人的翻譯。

有些，是用已經失傳的文字書寫，字跡經風塵磨損，後世的學者窮盡一輩子也只能解出一兩段文字，他們相信在某個洞穴裡藏著大自在菩薩親自傳下來的解脫法要。老居士吟出他所記得的一段：「滿載輪迴的涅槃，八萬四千法門，過此說者佛陀皆未說。」解脫，到底說不說。

小時候跟著爸爸在高原行走，遇見天葬後被禿鷹啄過遺留的屍身，爸爸要他禮拜，「記得啊，」爸爸跟他說：「他們是給天地的最後的供養。」沿路，有苦行朝拜前往聖地者，抵擋不住酷寒日曬死去，他們將屍體疊上三塊石頭，懸掛五色旗，代表地水火風空在此相遇。

有一次，老居士的記憶如此鮮明，就像昨天剛發生的事，他伸出手可以摸到。在長途的勞累後，他們睡在一個洞穴裡，燒起溫暖火堆。爸爸吃下一塊乾糧，跟他說：「以後你心裡猶豫，對佛法失去信心，想去尋找我，尋找菩薩，你就來唱歌，對著那座雪山的方向。」

說著，老居士的身子面向西邊，好像眼裡已顯現高聳的雪山，開始一遍又一遍的唱歌。說是歌，其實就是〈綠度母心咒〉，配上一首兒歌腔調，那是仿如母親唱過的搖籃曲，在娘胎所覺黑暗的唯一光亮，漫漫宇宙最後的聲音。

我問：「大師，你的故鄉很遠嗎？要怎麼去？以後我一定會去。」老居士露出微笑，「啊，我告訴你一個更好的地方，更值得你去的，在尼泊爾，我也只去過一趟。」隨手在我帶的經書裡的某一頁空白處，寫下了一個地址，隨手還給我。

一個更好的地方，在尼泊爾，當時我心裡的好奇還多過相信，聽見老居士慎重其事地說：「你要答應我，一定要去。」我看著他，如此的慎重，答應：「好，我一定會去。」

隔天，告別老居士，返回原來的忙碌世界，我總懷疑地球的這一端轉得特別快，人們用更快的語調說話，腳步聲有如進行曲的鼓聲，日日計算較量，每個人心情疲累。有時候我想念古城到處升起的煙霧，想念塵埃裡緩慢移動著的老人。甚而我也懷念躲在屋內打量我們的眼神。

時而，老居士寄來新出版的經書，每一本他都會簽名，繼續問著：「你已找到解脫之道了嗎？」我則寄去讀經的心得，打好字寄去給他，不久後，他寄回密密麻麻的批註。我想他必定戴上老花眼鏡，在遙遠古城的斗室內，仔細而耐心的閱讀我的文字。「也許他是想來度我吧。」我這個悠蕩人間的靈魂，抬起頭望向天空，覺得在遙遠的一方還有人願意了解你，也是一種安慰。

那年父親病倒，住進加護病房，我們日日在外守候。轉到普通病房後，醫生定期來探視，跟家屬小聲地談論病情。我守在父親的病床邊，就著醫院內的小桌子抄寫《普門品》，期望能回向給父親，我想起老居士唱的〈綠度母心咒〉的曲調，在病房內一遍一遍的唱著，那曲調如同從觀音菩薩的眼淚裡浮出的綠度母，慈悲的看顧。但憂鬱、挫敗和不解如同高山的寒冷低氣壓。我寫了一篇長長的文字，傾訴我的憂傷和煩惱，覺得因為父親的這場病，我所熟悉的世界早就背叛我。這次老居士的回信比平常還快，也沒有多寫，引了他翻譯的《赤身自解》的一段文字，「我忙於喚醒所有的人，卻忘記自己還在夢中。」

那時我還不知道，這是老居士最後的回信。父親去世後隔年，讀經班的老師跟我們說，老居士已經走了，留下兩本沒有譯完的經書。消息來得如此突然，我完全不知道如何反應，也不知道應該想什麼。一個如此認真在過日子的人突然的離開，留下他的床和老花眼鏡，他所泡的茶還留著溫度。那個人，他的色受想行識往何處消散？在夢裡，老居士來跟我告別，語氣好像孩童般的雀躍，好像才剛要去認識這個無常的世界。他說：「我要回雪山了，來找我。」

我報名那年農曆七月的水陸法會，在誦經和香火間，我在兩個超薦牌位上，分別寫著父親和老居士的名字。那時我還出現一個念頭，他們有可能相遇嗎？

走出內壇，對著天空祭拜，一股被香薰染想流眼淚的衝動，是的，我覺得告別古城回到現實生活軌跡的幾年，其實就是一場一場的夢。

是的，我知道我還有一件事必須做，一個願望，一個最早的承諾。我找到老居士寫下的地址，跟讀經班的老師說出我的願望，老師看著我說：「那我們就上路吧。」於是在冬天來臨前，我向公司請了年假，和當年的同伴，重新踏上旅程，前往尼泊爾。那時，我們只有老居士寫的那個地址當作憑藉，有如茫茫大海中的小小指南針。

旅途向西，過海關，嚮導來接我們，安排第一晚住宿，這是座著名的佛教古城。

嚮導看了我拿出來的地址，只說應該就在雪山山腳下。他說，還要看天氣，這時候雪山不一定能夠到，要看明天的運氣。

我問：「為什麼要看明天的運氣？」嚮導神祕地笑著：「明天就知道了。」

第二天凌晨，氣溫極低，但露出清朗天空，整座古城不時傳來肉桂香的氣味，就是瑜珈課時燒的那種香的氣味，似乎，四處都有人在早晨燒香膜拜佛菩薩，喃喃祝禱是與佛菩薩的交契。嚮導說，我們運氣不錯，今天會下雨。問他這句話又是什麼意思。嚮導說：「下雨過後明天會轉為晴朗，視野更好，我們就可以看見雪山。」嚮導要我們早點睡，明天出發往雪山，那是條漫長的行程。我在旅館的大廳看見一幅〈調象圖〉，圖裡面的猴子騎在象背，經過六個彎路，每個彎路都代表修行層次。代表修行人的是大象，代表掉舉不用心的是猴子。有如天路歷程，代表覺悟正念的僧人拿著法器在後面追趕。我見到〈調象圖〉的終點是一座巍峨的雪山，心中悟到，那不就也是我們這趟旅程的終點？

隔天清晨，我才懂得嚮導的意思。原本望去灰濛濛的遠方，此時顯現雪山高聳的模樣，全城每個角落都見得到，有如修行人所參的話頭，一個覺悟的祕密突然揭曉。山頂終年積雪，某個神聖的時刻，全城的人向雪山參拜，如同參見上師。這裡，好像就是〈調象圖〉的起點，經過蜿蜒的旅程，你的全身就會變成開悟的白色。

旅途間，我們看見猴子捧著波羅蜜供養佛陀的雕像。在佛經裡，釋迦牟尼在森林斷食修苦行，身體瘦弱飢餓仍堅持端坐，於是猴子獻上波羅蜜果，等待一個供養的神聖時刻，這是天地間最好的供養。我讀過這個故事，知道說的是無畏的布施。

我們見到以黃金色建造的寺廟，廟前一具巨大的金剛杵，寂靜尊和忿怒尊分左手和右手持金剛杵，代表善巧方便的法門。好像有人要為你降伏心內的魔，那魔就是憂鬱、惶恐和對生命怎麼會如此的不解。我想起當年自己抄經的心情，不禁對著從我眼前奔掠而過的金剛杵，合起雙掌。

離開城市轉向鄉間的道路邊，有尊菩薩以蹲著的姿勢立在柱子上，合掌跪求，虔誠堅定的求道。然後，順著菩薩看去的方向，我們見到雪山已近在眼前。

雪山占據所有的視野，我們下車步行，一步一步走進去，走進去每個人的心裡面最初的所在。心思從無明進到明亮，過去種種都已洗滌，我驚異的回過頭，感覺父親也跟我們走這段山路。

來到連著山壁的小殿，有塊石頭是綠度母的自生相，石頭自然長出綠度母的身形。旁邊另一顆石頭刻上當地文字的〈綠度母心咒〉。隱約從小殿傳來當年老居士為我們唱的〈綠度母心咒〉，曲調來自當地的兒歌，在雪山下，這是母親為我們唱的歌。

離小殿不遠，我們停在繁茂樹葉覆蓋的洞穴，嚮導說，地址就是這裡了。我們面面相望，沒有想到這趟旅程的終點竟是這樣。為什麼當年老居士要寫下這個地址，引導我們來到此處？

進去，洞穴燒著濃郁的香火，也是我們熟悉的肉桂氣味。隱隱聽見那裡傳來的誦經聲，但此時洞穴內微微陰暗，並沒有見到有人誦經。難道，這只是我的錯覺。

再走進去，摸索億萬年的石壁，最後的小小空間掛著一盞燈，靠著石壁陳設壇城和法器，已不知念過多少回的念珠，仍像等著修行人歸來。地上有一個座位的痕跡，留下苦行者的膝蓋印和頭蓋印，嚮導告訴我們，這是修行者每天向佛陀磕上一萬個頭，歷經二十年從不間斷留下的痕跡。這麼小的洞穴，這麼龐大的願力。

告別，向洞口的方向走，我留意到石壁上用當地文字寫著一行文，隨口向嚮導發問，那是什麼意思。嚮導說：「我忙於喚醒每個人，卻忘記自己還在夢中。」我一聽，眼淚流下來，跪下向石壁叩拜。就是這裡了，我知道老居士的意思了，當初在最徬徨的時刻日日讀的經文，那本經書是這位大成就者傳下的，這裡是老居士的家，也是所有人的家。

如夢初醒，又回到雪山下的明亮光線，雪山調在耳邊響起，一遍接著一遍，嗡達咧嘟達咧嘟咧梭哈　嗡達咧嘟達咧嘟咧梭哈，從不間斷的是想要離所有障的心。

我順著某種歌唱走到一片沼澤旁，一叢寶塔龍船花邊，一隻蝴蝶飛來繞著我的手指，我的手指轉圈，蝴蝶跟著轉圈，揮手，蝴蝶飛起又停下。蝶翼如同一隻眼睛注視著我。現在，你知道解脫是什麼嗎？

是你嗎？我悄悄問著。

雪山下的蝴蝶一動也不動。

你來了嗎？

評審評語——

作者用安靜舒徐的文字書寫兩段似夢還真的尋道歷程，一趟是去向翻譯經典的老居士問道；一趟是履踐對老居士的承諾——去尼泊爾，兩段旅程之間，則是書信往返的叩問。

作者鮮少言傳具體尋到怎樣的道，只閒筆透露老居士從事偌大的譯經工程卻沒有書房，凸顯安貧樂道；居士總以密密麻麻的批註回復作者的讀經心得，演示了相互認真對待的美德；老居士不但接住了因父親罹患重症而憂鬱纏身的作者，並給予及時而飛快的回應，這是悲天憫人的懷抱；老居士叮嚀若心有猶豫時，就唱以兒歌腔調的〈綠度母心咒〉，是回歸人之初始裡尋找光亮……。

文章中，夢與蝶、花與雪、經文與搖籃曲、寺廟與忙碌的世界；居士與信徒、洞穴與香火，甚至仙逝的老居士與父親……交迭出現，情景交融的，都被收攏在一句「我忙於喚醒每個人，卻忘記自己還在夢中」的當頭棒喝中。行文心平氣和，感覺作者內心騷動如悶雷，但大地卻給出了無聲之教。是一篇發人深省的佳作。

——廖玉蕙

獲獎感言——

感恩今年的評審，跟這段人生經歷，也感恩在人生路上幫助過我的法師和菩薩大德，年事漸長，往事如煙，對於曾經走過的一切和曾經的擁有，現在就是心存感激。

每當有靈感，或是開始構想新的作品，人生經驗就會自動從腦海顯現，在迷茫中指引我度過的，就是佛陀的智慧。彷彿在前方路上，有〈綠度母心咒〉的陪伴。

全球華文文學星雲獎評議委員會

評議委員會——

主任委員——李瑞騰
委　　員——王潤華、何寄澎、林載爵、陳芳明、封德屏、釋妙凡

第一屆　初複審及決審委員——

【歷史小說】

初複審委員——朱嘉雯、吳鈞堯、淩明玉、歐宗智
決 審 委 員——林載爵、司馬中原、顏崑陽

【報導文學】
初複審委員——心岱、陳銘磻、楊錦郁、楊樹清
決 審 委 員——李瑞騰、馬西屏、楊渡

第二屆

初複審及決審委員——

【人間佛教散文】
初複審委員——王盛弘、林少雯、歐銀釧、簡白
決 審 委 員——何寄澎、黃碧端、渡也

【歷史小說】
初複審委員——朱嘉雯、吳鈞堯、童偉格、鍾文音
決 審 委 員——陳芳明、顏崑陽、楊照

【報導文學】
初複審委員——心岱、李展平、張典婉、廖鴻基
決 審 委 員——李瑞騰、楊渡、向陽

【人間佛教散文】

初複審委員——楊錦郁、歐銀釧、鹿憶鹿、林文義

決 審 委 員——何寄澎、黃碧端、永樂多斯

第三屆

初複審及決審委員——

【歷史小說】

初複審委員——朱嘉雯、何致和、林黛嫚、甘耀明

決 審 委 員——陳芳明、林載爵、楊照

【報導文學】

初複審委員——楊錦郁、張堂錡、廖鴻基、吳敏顯

決 審 委 員——李瑞騰、柯慶明、楊渡

【人間佛教散文】

初複審委員——吳鈞堯、王盛弘、李欣倫、石德華

決 審 委 員——何寄澎、黃碧端、簡政珍

第四屆

初複審及決審委員——

【歷史小說】

初複審委員——林黛嫚、何致和、甘耀明、鄭穎

決 審 委 員——陳芳明、林載爵、平路

【報導文學】

初複審委員——康原、張堂錡、楊錦郁、楊樹清

決 審 委 員——李瑞騰、林元輝、楊渡

【人間佛教散文】

初複審委員——王盛弘、李進文、孫梓評、方秋停

決 審 委 員——何寄澎、黃碧端、曾昭旭

第五屆

初複審及決審委員——

【歷史小說】

初複審委員——甘耀明、鄭穎、陳憲仁

決 審 委 員——林載爵、陳芳明、陳玉慧

【報導文學】
初複審委員——楊錦郁、陳銘磻、廖鴻基
決 審 委 員——李瑞騰、楊渡、須文蔚

【人間佛教散文】
初複審委員——林少雯、楊宗翰、林淑貞、石曉楓
決 審 委 員——何寄澎、黃碧端、陳義芝

第六屆

初複審及決審委員——

【歷史小說】
初複審委員——童偉格、吳鈞堯、甘耀明
決 審 委 員——陳芳明、陳雨航、平路

【報導文學】
初複審委員——楊錦郁、田運良、曾淑美
決 審 委 員——李瑞騰、林明德、劉克襄

第七屆

【人間佛教散文】

初複審委員——張輝誠、胡金倫、羅秀美、李儀婷
決　審　委　員——何寄澎、路寒袖、鍾怡雯

初複審及決審委員——

【歷史小說】

初複審委員——林黛嫚、何致和、鄭穎
決　審　委　員——陳芳明、廖輝英、陳耀昌

【報導文學】

初複審委員——楊錦郁、曾淑美、夏曼・藍波安
決　審　委　員——李瑞騰、蔡詩萍、黃碧端

【人間佛教散文】

初複審委員——孫梓評、歐銀釧、羊憶玫、林文義
決　審　委　員——封德屏、蕭蕭、亮軒

【人間禪詩】
初複審委員——楊宗翰、羅任玲、李進文、洪淑苓
決 審 委 員——何寄澎、許悔之、渡也

第八屆

初複審及決審委員——

【歷史小說】
初複審委員——吳鈞堯、鍾文音、何致和
決 審 委 員——陳芳明、李金蓮、履彊

【報導文學】
初複審委員——廖鴻基、黃慧鳳、石曉楓
決 審 委 員——李瑞騰、向陽、羅智成

【人間佛教散文】
初複審委員——王盛弘、周昭翡、楊錦郁、林少雯
決 審 委 員——林載爵、渡也、周芬伶

第九屆

初複審及決審委員——

【人間禪詩】
初複審委員——李進文、曾淑美、陳政彥、葉莎
決 審 委 員——何寄澎、陳育虹、白靈

【長篇歷史小說】
初複審委員——朱嘉雯、吳鈞堯、簡白
決 審 委 員——陳芳明、陳玉慧、陳耀昌

【短篇歷史小說】
初複審委員——陳憲仁、方梓、鄭穎
決 審 委 員——蘇偉貞、陳雨航、甘耀明

【報導文學】
初複審委員——廖鴻基、神小風、葉連鵬
決 審 委 員——李瑞騰、須文蔚、阿潑

【人間佛教散文】
初複審委員——周昭翡、李時雍、孫梓評、李欣倫
決　審　委　員——顏崑陽、蕭麗華、鄭羽書

【人間禪詩】
初複審委員——方群、蕓朵、田運良、顧蕙倩
決　審　委　員——何寄澎、蕭蕭、路寒袖

【長篇歷史小說寫作計畫補助專案】
評　審　委　員——封德屏、宇文正、陳昌明、李育霖、履彊

第十屆

初複審及決審委員——

【長篇歷史小說】
初複審委員——方梓、廖志峰、簡白
決　審　委　員——陳芳明、平路、李育霖

【短篇歷史小說】

初複審委員——吳鈞堯、凌明玉、楊傑銘

決審委員——林載爵、廖輝英、梅家玲

【報導文學】

初複審委員——吳敏顯、李時雍、何定照

決審委員——李瑞騰、羅智成、劉克襄

【人間佛教散文】

初複審委員——李欣倫、翁翁、鄭順聰、彭樹君

決審委員——侯吉諒、鄭羽書、徐國能

【人間禪詩】

初複審委員——林婉瑜、楊宗翰、曾淑美、陳允元

決審委員——何寄澎、白靈、翁文嫻

【長篇歷史小說寫作計畫補助專案】

評審委員——封德屏、履彊、林文義、易鵬、廖玉蕙

第十一屆　初複審及決審委員——

【長篇歷史小說】

初複審委員——簡白、林黛嫚、何致和
決 審 委 員——陳芳明、履彊、平路

【短篇歷史小說】

初複審委員——林俊穎、陳憲仁、應鳳凰
決 審 委 員——林載爵、廖輝英、蘇偉貞

【報導文學】

初複審委員——楊傑銘、歐銀釧、田運良
決 審 委 員——李瑞騰、顧玉玲、須文蔚

【人間佛教散文】

初複審委員——向鴻全、顏訥、彭樹君、李時雍
決 審 委 員——鍾怡雯、渡也、單德興

【人間禪詩】

初複審委員——顏艾琳、陳允元、李進文、羅任玲
決 審 委 員——何寄澎、許悔之、羅智成

【長篇歷史小說寫作計畫補助專案】

評 審 委 員——封德屏、林文義、王鈺婷、許榮哲、范銘如

第十二屆 初複審及決審委員——

【長篇歷史小說】

初複審委員——簡白、鄭穎、吳鈞堯
決 審 委 員——林載爵、朱嘉雯、甘耀明

【短篇歷史小說】

初複審委員——凌明玉、連明偉、何致和
決 審 委 員——陳芳明、林俊穎、周月英

【報導文學】

初複審委員——曾淑美、李時雍、神小風

決審委員——李瑞騰、羅智成、須文蔚

【人間佛教散文】

初複審委員——王盛弘、周昭翡、簡文志、歐銀釧

決審委員——顏崑陽、陳幸蕙、劉克襄

【人間禪詩】

初複審委員——顏艾琳、凌性傑、陳政彥、林婉瑜

決審委員——何寄澎、陳義芝、路寒袖

【長篇歷史小說寫作計畫補助專案】

評審委員——履彊、向陽、江寶釵、黃美娥、王鈺婷

第十三屆　初複審及決審委員——

【長篇歷史小說】
初複審委員——應鳳凰、簡白、方梓
決 審 委 員——蘇偉貞、何致和、履彊

【短篇歷史小說】
初複審委員——連明偉、楊富閔、吳鈞堯
決 審 委 員——林黛嫚、朱嘉雯、永樂多斯

【報導文學】
初複審委員——周昭翡、李時雍、房慧真
決 審 委 員——李瑞騰、廖鴻基、劉克襄

【人間佛教散文】
初複審委員——孫梓評、石德華、簡文志、李欣倫
決 審 委 員——何寄澎、廖玉蕙、鍾玲

【人間禪詩】
初複審委員——楊宗翰、李蘋芬、李長青、林婉瑜
決 審 委 員——蕭蕭、洪淑苓、向陽

【長篇歷史小說寫作計畫補助專案】
評　審　委　員——呂文翠、江寶釵、李育霖、胡金倫、張堂錡

第十四屆　初複審及決審委員——

【長篇歷史小說】
初複審委員——簡白、廖志峰、陳憲仁
決　審　委　員——朱嘉雯、陳國偉、東年

【短篇歷史小說】
初複審委員——楊富閔、應鳳凰、吳億偉
決　審　委　員——楊照、王瓊玲、李金蓮

【報導文學】
初複審委員——馬翊航、黃慧鳳、曾淑美
決　審　委　員——李瑞騰、顧玉玲、楊渡

【人間佛教散文】

初複審委員——戴榮冠、凌拂、鍾怡彥、彭樹君
決 審 委 員——陳克華、何寄澎、廖玉蕙

【人間禪詩】

初複審委員——方群、李蘋芬、栞川、陳政彥
決 審 委 員——渡也、李癸雲、李進文

【長篇歷史小說寫作計畫補助專案】

評 審 委 員——呂文翠、范銘如、鍾文音、徐國能、祈立峰

國家圖書館出版品預行編目(CIP)資料

安靜的力量：第十四屆全球華文文學星雲獎人間禪詩及人間佛教散文得獎作品集/蔡馨慧, 鄭麗卿, 王怡仁, 賴俊儒, 林世明, 阿逵, 黃木擇, 張耀仁, 邱逸華, 李詩云, 語凡, 沈志敏, 美緣, 劉虛壹, 吳錫和, 呂政達著. -- 初版. -- 高雄市：佛光文化事業有限公司, 2024.12
面； 公分. -- (藝文叢書；8075)
ISBN 978-957-457-835-1(平裝)

224.511 113017761

第十四屆全球華文文學星雲獎
人間禪詩及人間佛教散文得獎作品集
安靜的力量

作　　者｜蔡馨慧、鄭麗卿、王怡仁、賴俊儒
林世明、阿　逵、黃木擇、張耀仁
邱逸華、李詩云、語　凡、沈志敏
美　緣、劉虛壹、吳錫和、呂政達

主　　辦｜公益信託星雲大師教育基金
主　　編｜李瑞騰

總 編 輯｜滿觀法師
責任編輯｜王美智
美術設計｜謝耀輝
圖片提供｜CH、如輝法師、洪志傑、吳佳維

出 版 者｜佛光文化事業有限公司
出版日期｜2024年12月初版一刷
印　　刷｜中茂分色製版印刷事業股份有限公司
經　　銷｜紅螞蟻圖書有限公司
(02)2795-3656

流 通 處｜
佛光山文化發行部
高雄市大樹區興田路149號
(07)656-1921#6664~6666

佛光山文教廣場
高雄市大樹區興田路153號
(07)656-1921#6102

佛陀紀念館四給塔
高雄市大樹區統嶺路1號
(07)656-1921#4140~4141

佛光山海內外別分院

創 辦 人｜星雲大師
發 行 人｜心培和尚
社　　長｜滿觀法師

法律顧問｜毛英富律師、舒建中律師
登 記 證｜行政院新聞局版台省業字第862號

定價｜320元
ISBN｜978-957-457-835-1（平裝）
書系｜藝文叢書
書號｜8075

劃撥帳號｜18889448
戶　　名｜佛光文化事業有限公司
服務專線｜
編輯部 (07)656-1921#1163~1168
發行部 (07)656-1921#6664~6666

佛光文化悅讀網｜
http://www.fgs.com.tw
佛光文化Facebook｜
https://www.facebook.com/fgsfgce